# 見るだけで劇的に上手くなるスイングの作り方



ツアープロコーチ
阿河 徹

日本文芸社

# プロローグ

僕がレッスンをしている練習場では、ものすごく上手いおっちゃんゴルファーをちらほら見かけます。

60代、いや70歳を超えているかもしれません。

その方々は、とても飛ぶんです。

肉体は年齢相応なので、パワーがあるとはたいてい思えません。

それではなぜ、驚くほどの飛距離が出ているのか疑問が残りますよね。

じつは、クラブ扱いが抜群に上手いんです。

クラブを自在にコントロールしているし、クラブヘッドの走らせ方も心得ている。

ちゃんと脱力されて自然にスイングされているのです。

この姿を見ると、改めてゴルフは「フィジカル」ではなく「技術」が大事なんだと実感します。

逆説的に言えば、「技術」を改善すれば、ゴルフは相当上手くなるのです。

パワーがあるから「飛ぶ」は間違いです。クラブをコントロールする技術の習得が、飛距離を生むカギになります。

伸び悩んでいるアマチュアゴルファーのほとんどは、力まかせにスイングする傾向です。気持ちは理解できます。

ただ、その考え方やイメージを変えてみてください。

本書は、技術力を高めるために必要な、スイングの仕組みや設計図を解説しています。

上達せずに悩んでいる方や、自分のスイングを見直したい方には、ぜひ本書を活用してください。

皆さんの悩み解決のヒントになれば幸いです。

ツアープロコーチ　**阿河徹**

# 見るだけで劇的に上手くなるスイングの作り方

CONTENTS



MOVIE のページは動画のQRコードがあります。

# PART 3 上達をジャマする悪いクセ



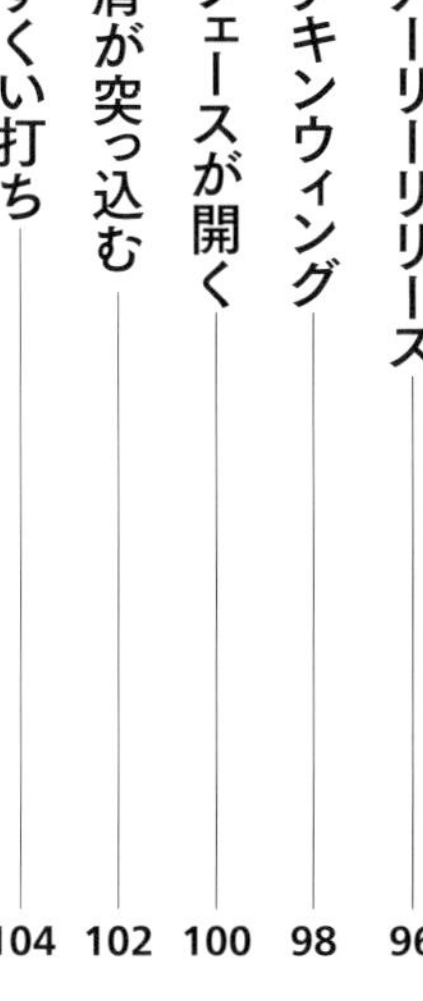

# PART 4 スイング作りの処方箋



**Column スイングの原理**



本書は『100を切れない7つの理由・10の上達法』（日本文芸社刊）を元に、新たに写真、動画を加えて再編集したものです。

# 動画の見方

**本書の内容は、動画と連動されています。該当するページにあるQRコードをスマートフォンやタブレットのカメラやバーコードリーダー機能で読み取り、動画を再生してください。**

## 1 カメラを起動

スマートフォンやタブレットのカメラやバーコードリーダーを起動します

## 2 QRを読み取るモードにする

「読み取りカメラ」など、QRコードを読み取れるモードにします。機種によっては、自動で読み取ることもできます

## 3 画面にQRコードを表示させる

画面にQRコードを表示させ、画面内の収めます。機種によっては時間のかかるものもあります

## 4 表示されるURLをタップする

表示されたURLをタップすると、動画サイトに移動します。阿河プロのレッスン動画をぜひお楽しみください

ココを読み取って再生!
グリップエンドのコントロール①
動画をCHECK!
グリップエンドを入れ替えればヘッドスピードが上がる
グリップを上昇させると同時に左足を伸ばすように上昇させる
グリップエンドの上昇と体の上昇を連動させる
シャフトをしならせるグリップエンドの操作
クラブの入れ替え運動をするために、グリップエンド側に意識を持つことがポイントだと、前ページで解説しました。アマチュアゴルファーの皆さんは、どうしてもヘッドを動かしてボールを打つ、当てるかという意識が強すぎる傾向にあります。じつは、ヘッドを操作しようと
16

## 動画を見るときの注意点

CAUTION

①動画を見るときは別途通信料がかかります。できるだけ、Wi-Fi環境下で視聴することをおすすめします。
②機種ごとの操作方法や設定に関してのご質問には対応しかねます。
各メーカーなどにお問い合わせください。
③動画の著作権は株式会社日本文芸社に属します。再配布や販売、営利目的の利用はお断りします。

# PART 1

# ゴルフスイングのメカニズムを知る

GOLF SWING MECHANICS

クラブをどう操れば良いのか。
正しいスイングのメカニズムを
理解することが上達の第一歩。

INTRODUCTION

## ゴルフスイングの本当のメカニズム

# コントロールするのはグリップエンドだけ

3

トップポジションでシャフトが平行に。グリップエンドは右を向く

4

ダウンスイングで、グリップエンドを下降させていく

7

ヘッドとグリップ位置が入れ替わるようにグリップエンドが下降してフォロー

8

## クラブの正しい扱い方を知る

スイングのメカニズムを理解することが上達には不可欠です。ゴルフクラブの扱い方と、それに合わせた体の使い方、つまりスイングの原理を知らなければいけないのです。その中で最も重要視してもらいたいのが、グリップエンドでクラブをコントロールする意識を持つこと。多くのアマチュアゴルファーは、ボールを当てるためにヘッドを動かすことが正解だと思いがちですが、それは勘違い。コントロールするのはグリップエンド。これこそがスイング作りのポイントです。

1
グリップエンドの延長線が
どう動くかに注目しよう
アドレスからテイクバックで
ヘッドは上昇、グリップエンドは下降する
2
5
6
インパクトに向けて、
グリップエンドは上昇する

# インパクト前からヘッドとグリップの位置関係は入れ替わり始める

インパクトに向けてグリップエンドが上昇する

グリップエンドを上昇させながらインパクト

インパクト以降は、ヘッドは上昇しグリップエンドは下降していく

## 入れ替え現象がスイングの原理

スイング動作の中で、まず知っておいてもらいたいのが「クラブの入れ替え運動」です。クラブの入れ替え運動とは、アドレス時にヘッドが地面、グリップエンドが上にある状態から、テイクバックでヘッドが上、グリップエンドが下を向きながらトップを迎え、ダウンスイングからインパクト、フォローにかけて、ヘッドが下降していき、グリップエンドが上昇するといった逆転現象を言います。ゴル

# ダウンスイングからのクラブ操作

ダウンスイングではグリップエンドは地面を向く

ヘッドが上、グリップエンドが下を向いている状態からダウンスイング

インパクトに向けて、ヘッドは下降し、グリップエンドは上昇する

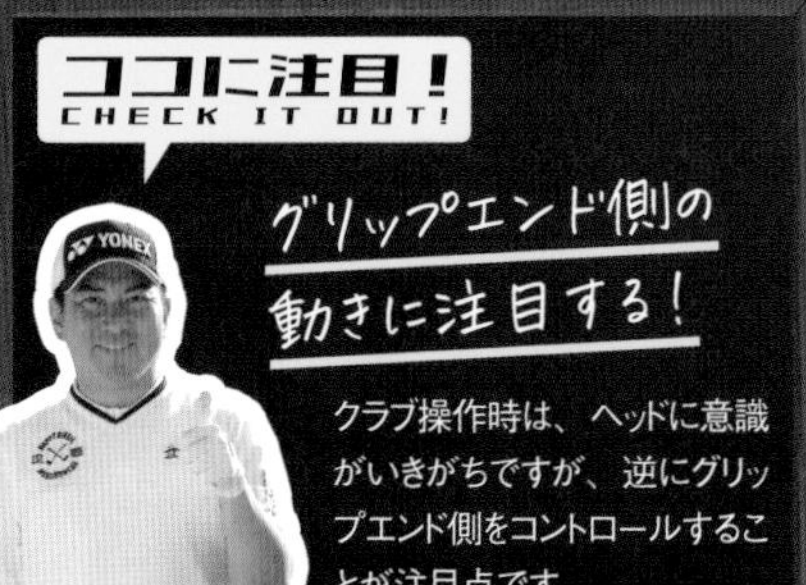

ココに注目!
CHECK IT OUT!
グリップエンド側の動きに注目する!
クラブ操作時は、ヘッドに意識がいきがちですが、逆にグリップエンド側をコントロールすることが注目点です


フにおける正しいスイング動作は、すべてこの運動からもたらされるものであり、上達しないアマチュアゴルファーのほとんどが、この現象を理解できていません。クラブの入れ替え運動ができないと、アーリーリリースやアウトサイド側から入るスイング軌道、左ヒジの引けなど、悪クセを生み出す要因となってしまいます。

# ［ヘッドとグリップを一緒に上昇させてはいけない］

## グリップ操作が重要ポイント！

クラブ操作のポイントは、グリップエンド側の動き。グリップエンドに意識を持ちながらスイングするのが基本のき

## 体をスムーズに動かすクラブ操作になる

クラブの入れ替え運動ができないと、体をスムーズに動かすことができません。ある意味、無理をしながらスイングしているようなものです。皆さんが求めている飛距離アップはもちろん、スイングの再現性も高めることもできません。まずはクラブ操作を習得しましょう。

ココに注目！
CHECK IT OUT!
ダウンスイングでは
脱力して切り替える
グリップエンドを下降させてトップまで運ぶ。その後、切り替えるときは、脱力することがポイント。力みは禁物です

OK

### クラブを縦関係にするのが正解！

アドレスからクラブを上げていくとき、徐々にヘッドは上昇していくが、ベルトを過ぎたあたりで手首のコックを使い、グリップエンドを低い位置にキープすることが大事。こうすれば体も動かしやすい

### クラブを平行に上昇させるのはNG

テイクバックをしていくときにクラブヘッドとグリップエンドを両方とも持ち上げていくようなクラブ操作はNGだ。アドレスでせっかく作った前傾角が崩れてしまう。安定したインパクトにはつながらない

# グリップエンドを入れ替えればヘッドスピードが上がる

動画をCHECK!

グリップを上昇させると同時に左足を伸ばすように上昇させる
YONEX


グリップエンドの上昇と体の上昇を連動させる

## シャフトをしならせるグリップエンドの操作

クラブの入れ替え運動をするために、グリップエンド側に意識を持つことがポイントだと、前ページで解説しました。アマチュアゴルファーの皆さんは、どうしてもヘッドを動かしてボールを打つ、当てるかという意識が強すぎる傾向にあります。じつは、ヘッドを操作しようとすればするほど、正確なインパクトにはなりませんし、スイングスピードも上がりません。俗に言うアーリーリリース（96ペ

# インパクトゾーンのクラブ操作

**スピードを出すためにはグリップエンド側をコントロール**

手首のコックをほどいていくことで、ヘッドにスピードが生まれる

インパクトに向かうときは、全力でグリップエンドを引き上げていこう

ージ参照）が引き起こされ、手首のリリースによるヘッドの加速が生まれないからです。

ヘッドを加速させるには、グリップエンド側を入れ替えます。こうすることで、シャフトがしなりヘッドに出力が生まれます。運動のメカニズムとして、ぜひとも知っておきましょう。

グリップエンドの操作を意識する

ヘッドが速いスピードで動くということは、反対にあるグリップエンドも、それに対応する運動をする必要がありますよ

# グリップエンドとヘッドの運動量は「5：5」

## グリップが入れ替わるからヘッドが走る

シャフトの真ん中を持ってイメージしよう!

グリップエンド側のスピードを増幅させることが大事

グリップエンドを上昇させる意識を強めよう

## グリップエンドの入れ替えでスピードを上げる

ボールを飛ばすために必要となるヘッドスピードを上げるには、力まず脱力しながら、グリップエンドの入れ替え動作を行うことです。ヘッドとグリップエンドの運動量は5：5であり、このメカニズムを知っておけばグリップエンドのコントロールの重要度が分かるはずです。

ココに注目！
CHECK IT OUT!
シャフトの真ん中を持ってイメージ！


シャフトの真ん中を持ちクラブを振ることで、グリップエンドの動きがイメージしやすくなります。

## NG ヘッドを動かそうとしてもスピードは出ない

ヘッドへの意識を強めても、スピードは生まれない

力みの原因にもなり、上体の前傾角も崩れて安定しない

# グリップエンドを上昇させながら左ワキは締まる

## インパクトからフォローのクラブ操作

グリップエンドを上昇させながらインパクトを迎える

ダウンスイングでは、ヘッドが右、グリップエンドが左にある。左ワキはがら空きの状態

## 効率よくスピードを出せるクラブ操作とは

ダウンスイングからヘッドは右から左に動きます。そのため、グリップエンドは上昇しながら左から右に動く運動になります。インパクト以降、グリップエンドを右方向に動かしていくと勝手に左のワキが締まっていきます。体がスムーズに回転していくので効率よくスピードが出せます。

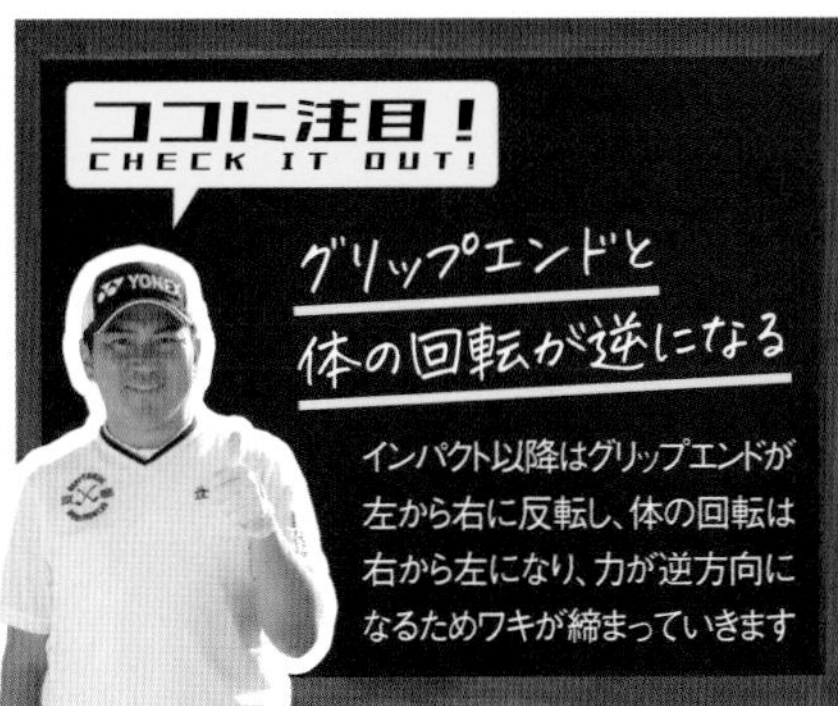

ココに注目！
CHECK IT OUT!
グリップエンドと
体の回転が逆になる
インパクト以降はグリップエンドが左から右に反転し、体の回転は右から左になり、力が逆方向になるためワキが締まっていきます

グリップエンドの反転により体がスムーズに回転する

フォローでヘッドが左を向き、グリップエンドが右を向く

グリップエンドを反転させれば、自然に左ワキが締まっていく

# 切り返しの初期動作で背中側にシャフトを下ろす

## シャフトを立てるとアウトサイドになる

切り返し時にシャフトを立ててしまう。これがアウトサイドになる要因の1つ。ヘッドを動かす意識はなくそう

## インサイドアタックを習得しよう

上達に悩んでいる多くのアマチュアゴルファーは、トップからのスイング軌道に問題があります。つまり、アウト側からクラブが下りてきてしまうアウトサイドアタック（94ページ参照）です。クラブが外から入ってきて、そのままインパクトでフェースが開いてしまいます。そのため、ボールが左に飛び出てから右に曲がるスライスになります。スライスでもコントロールできれば問題ないじゃないか、

動画をCHECK!

力を込めて
グリップエンドを
下降させず、
脱力しながら
操作すること
が大事!

OK

## 背中側でタメを作ってそのまま振り下ろす

切り返しでシャフトを寝かせてみよう。背中側にクラブを下ろし、タメを作ってからそのまま振り下ろしていく

という人がいるかもしれませんが、飛距離という部分でマイナスです。そのためにも、正しい軌道でインサイドアタックを習得してください。

インサイドアタックは、切り返しから背中側にシャフトを下ろし、ボールに対して内側からヘッドが入りインパクトを迎える打ち方です。大きな出力を生み出せる動作になります。

### クラブに仕事をさせる打ち方

インサイドアタックはクラブを効率的に使っているため出力が高くなります。力任せに振ってもスピードは出ないのです

# 腕相撲で押し負けている イメージで右手首を曲げる

## インサイドアタックの動作ポイント

体を回転させていけば、自然とインパクトポイントが作れる

インサイドアタックとグリップエンドのコントロールを意識する

## 切り返しでは力を込めずに脱力する

切り返し時の動作ポイントは脱力です。力を込めるとどうしてもシャフトが立ちアウトからの軌道になります。右手首は外側に折ります。腕相撲でいうと負けている側の手首の角度です。右ヒジが締まるのを感じながらグリップエンドを下降させて体を回転させていきます。

ココに注目！
CHECK IT OUT!
鏡の前で見ながら
動作確認しよう
正しい動きを習得するには、動作ポイントとなる部分を鏡の前で行い確認することが大事になります


右手首を外側に曲げてシャフトを寝かせるように

トップからの切り返しでは、ヘッドを背中側に下ろしていく

ダウンスイングでは、グリップエンドの向きが自然に下向きに変わっていくイメージに

# 回転と同期したときにヘッドがクローズになる

## 体を回転させればフェースは戻る

クラブを
下ろすと同時に
体を回転させて
インパクト

腕と体が同期して動けば、インパクトまでに
フェースはクローズになっていく

ココに注目！
CHECK IT OUT!
正しい運動をすれば
自然とできる
無理にクラブを動かそうとせず、グリップエンド操作と体を連動させれば、自然とクラブは正しく動いて働きます

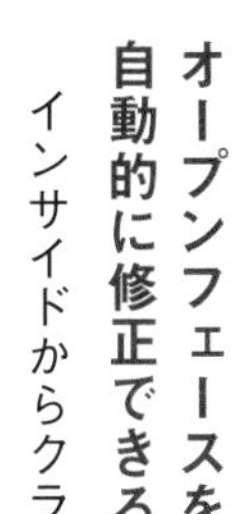

## オープンフェースを自動的に修正できる

インサイドからクラブを下ろしていくと、ヘッドは自然とクローズになります。アマチュアゴルファーに多いオープンフェースを自動的に修正できるのです。大事なのは、ヘッドの動きに体の回転を加えることです。動作を連動させ同期させることが条件になります。

**シャフトを寝かせてインサイドからヘッドを下ろす**

グリップエンドを引きながらリードしていくように動かしていく

**前傾をキープしたまま体を回転させていく**

グリップエンドを操作しながら少し下向きに体を保って回転させていく

# グリップエンドの位置がよりハンドファーストに！

## 昔はグリップエンドの位置が体の正面になっていた

グリップエンドをリードしながら下降させていく動作は今も昔も変わらない

アドレスの位置に戻すようなインパクトは従来はセオリーだった

ココに注目！
CHECK IT OUT!
時代とともに
スイングは進化
スイングは時代とともに進化しています。初心者だけでなく、スイングの立て直しを考えている方も知識を持っておきましょう


## フェースをよりクローズ化できる

インサイドアタックからインパクトではハンドファーストにするのが以前からの普遍的なポイントですが、近年のスイングでは、グリップエンドの位置をよりターゲット方向に進めてボールをとらえるほうが、よりフェースをクローズ化できるメリットがあります。

NEW

# 現在はグリップエンドの位置がターゲット方向に近づいた

体を回転させていきながらグリップエンドをリードして下降させる

体を30〜40度くらい左下を向いてボールをとらえていく

# 腰を回旋させるイメージで股関節を動かしていく

## 2 切り返しから左のお尻を引く

切り返しからフィニッシュまでは左のお尻を引くように、股関節から動かしていく

### 足の付け根を動かす意識を持つ

クラブ操作と身体操作は連動させなければなりません。体の操作としては、腰回りのベーシックな使い方を身につけておきましょう。

スイングでは、腰は右回旋から左回旋させていきますが、ゴルフは前傾角を作りながら回旋させます。これが少し動作を複雑化させます。ミスを起こす動作の多くは、回旋運動ではなく上下運動をしてしまうことです。上下動は前傾角の不安定さを生

# 1 テイクバックで右のお尻を引く

アドレスからテイクバックのときには、右のお尻を引きながら腰を回旋させていく

動画をCHECK!

むので注意してください。
ポイントは、前傾しながらベルトを水平に動かすことです。足の付け根に意識を持ちながら「右のお尻を引く」「左のお尻を引く」という運動パターンにします。上手くできない方はヒザから動かすイメージの人です。ヒザの運動量は減らし、股関節運動をしていきましょう。

クラブを持たずに鏡の前で確認

スイングの中ではなかなかコツがつかめません。動きに慣れるまでは、クラブを持たずに鏡の前で練習してみましょう

# 前傾しながらベルトのバックルを動かしていく

## 股関節を回旋させる運動がポイント!

アドレス姿勢である前傾した状態からテイクバックしていく

ベルトのバックルを動かすイメージを持ちながら、右のお尻を引いていく

## パワーを生むための動作だと理解する

腰の回旋運動は、ヘッドスピードを生むための出力に関係していきます。股関節や下半身からしっかり回旋させることがパワーの源になるのです。アドレスから回旋させるときのイメージが湧かない人は、ベルトのバックルを動かすことを意識すると良いでしょう。

ココに注目！

CHECK IT OUT!

動画をCHECK!

足の付け根にモノを挟んで練習する
足の付け根の動かし方がイマイチつかめない人は、紙などを足の付け根に挟めるかどうかで、引く運動の度合いを知りましょう

OK

### 上半身リードではなく下半身を回旋させる

テイクバックするときは、上半身からではなく、下半身から始動するように。右のお尻を引きながら腰を水平に回転させよう

### 回旋運動ができないと出力が上がらない

下半身を使わず、上半身だけでクラブを上げにいくと体の回転量がないため、ダウンスイング時にタメを作るのにも適さない。クラブを振り下ろすための出力を上げることもできないので飛距離が出づらくなる

# スイングのベースを作るのはクラブを「引く」動作！

NG

無理に「押し込む」イメージはなくそう！

動画をCHECK!

**ヘッドを押し込むイメージはNG**

ヘッドを無理やり押し込むような動きは避けよう。ゴルフのスイングも同様で、押すイメージだとクラブは上手くコントロールできない

## クラブを引けばスピードも出せる

上の写真を見てください。地面にヘッドをつけて歩きながらクラブを「押す」「引く」を実践しています。ゴルフクラブは、長いシャフトに重いヘッドがついています。そのような道具をコントロールしていくには、「引く」動作をすることが最もラクに扱うポイントです。押し込んだりすると、力を適切に伝えづらく、ヘッドが地面に突っかかって速く動かすことができません。逆に引くと、小走りで走っ

OK

「引く」イメージを持とう！

## グリップエンドを引くイメージ

クラブを左手で持ってヘッドを引きずる。グリップエンドを引くようにするとクラブコントロールがスムーズになる

ても問題はないでしょう。

じつは、スイングでも同じことが言えます。ボールに対して押すイメージになるクラブ操作は、コントロールしづらいもの。ですので、クラブを引いてコントロールする意識を持ってください。グリップエンドをリードすることが大事なのは、このような理由があるからです。

ココに注目！
CHECK IT OUT!
左手で引くことがスイングの基本
OK写真のように左手でクラブを持って引く。このイメージをスイングでも持ってください。右手ではありません

# [ グリップエンドを動かし 円を描くように振るイメージ ]

## 右手ではグリップエンドが適正に動かない

右手でクラブを持って振ってみる。ヘッドを動かす意識が強く、グリップエンドの操作も右サイドの空間になってしまう

## 右手のイメージから左手に変える

クラブコントロールの練習として、左手でクラブを持ち、グリップエンドをま～るく円を描くように動かしてみましょう。中には右手で描く人がいますが、右手ではハンドレートになり、グリップエンドも右サイドの空間での動きになるのでイメージを変えていきましょう。

ココに注目！
CHECK IT OUT!
自宅で練習して
イメージする
どのようなイメージを持ってクラブをコントロールしているのかは、動作をゆっくり確認しながら自宅などで練習しましょう

OK

### 左手1本で円を描いて振る

左手でクラブを持ち、円を描くようにグリップエンドを動かす。クラブの入れ替え運動が起こり、ヘッドも自然と返る

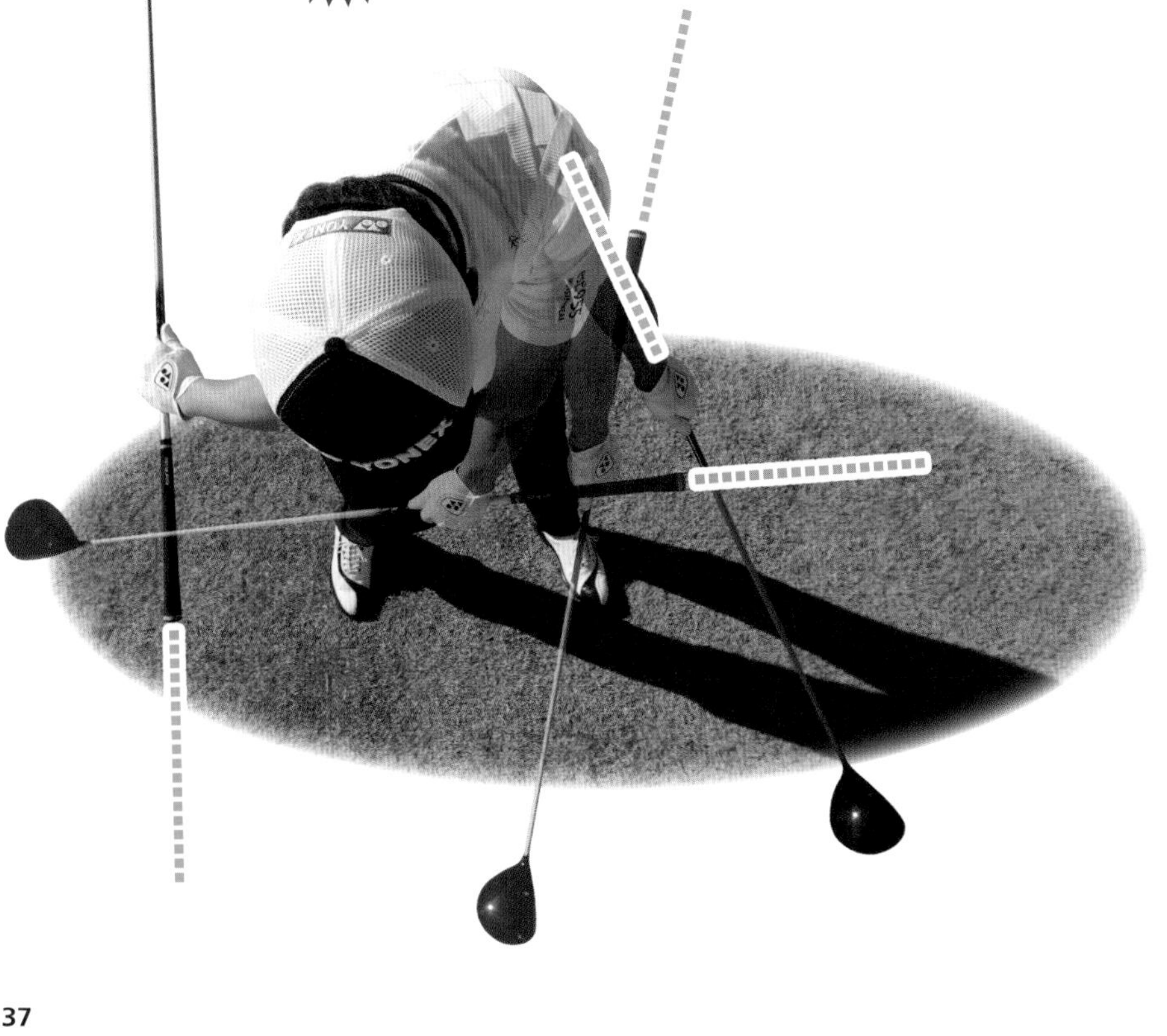

# 体を回して開いていけば ヘッドは自然とクローズに！

## 効率的なスイング動作

グリップエンドを引きながら左サイドに抜くイメージでインパクト

グリップエンドを上昇させながら、腰を左に回していく

## 腕の動きとともに腰を左回旋させる

左手でクラブを持って円を描いていくときに、腕だけの動きにならないよう、腰を左に回旋させながら体を回していきましょう。グリップエンドを左サイドに抜けるように上昇させながら、体を左に回していくことで、フェースが自然とクローズになります。

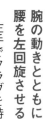

ココに注目！ CHECK IT OUT!

**打った後に左手でクラブを持つ**

左手の意識を強めるために、ボールを打ち終わった後にクラブを左手におさめてみましょう。イメージすることが大切!

OTHER ANGLE

### 体を開くほうがフェースは閉じる

体を開くと先行して振り遅れのイメージがあるが、クラブと連動させれば体を開くほうがフェースは閉じる

体の回旋動作とクラブの動きが連動すればフェースは閉じる

Column 1

スイングの原理

# ヘッドを動かした同等の速度でグリップエンドも動く

そもそもゴルフクラブってどんな道具でしょうか? 当たり前ですが、ヘッドとグリップがシャフトにつながっている棒のようなものです。クラブヘッドを走らせるためにはシャフトをしならせることになりますが、先端のクラブヘッドが速く動くということは、逆端のグリップエンド側も同じ速度で運動することになります。ヘッドとグリップエンドの運動量は50:50なのです。ですので、目標方向にヘッドが動くと同時に、グリップエンドも同じ速度で動くということを理解してください。これは、グリップエンド側にシャフトと同じ分だけ延長させるとイメージできます。棒の真ん中を持ってクラブを振り、ヘッドを動かしたとしたらグリップエンドの延長線も同じように逆方向に動きます。ヘッドだけを動かそうとしている方は、反対側の動きを理解していないことになります。スイングの原理がわかっていないと、正しい運動にはならないのです。

# PART 2

# スイングの設計図を知っておく

MAKING SWING PLAN

ゴルフスイングのマニュアルを覚えて
場面ごとの動作を習得する。

INTRODUCTION

## スイングの設計図を頭に入れる

# 自分自身の設計図を理解しよう

### バックスイング →58～63ページ

3

スイングを
始動する胴体の
右回旋運動

### トップポジション →64～69ページ

4

止まる場所でなく
切り返す
ポジション

### フォロー～フィニッシュ →84～89ページ

7

クラブを反転させて
さらにヘッドを加速

皆さんなりの
設計図を
作りましょう!

## 自分のスイングを語れるくらい把握する

スイングを指導していくときは「スイングの設計図」という言葉を使います。設計図とは、スイングを説明するマニュアルのようなもので、それぞれの動作を整理して考えられるようにしています。アドレスからフィニッシュまで、自分がどのように動作を行っているかを説明できることはとても重要で、上級者ほど自身のスイングを語れるくらい把握しています。ここでは、基本的なものを紹介しますが、自分のスイング作りの参考にしてもらい、ご自身の設計図を作ってください。

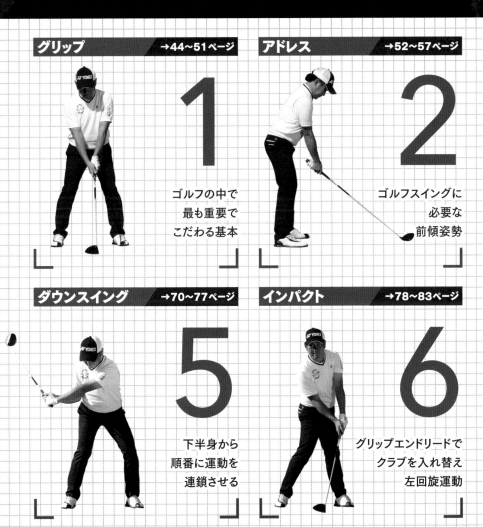

### グリップ
→44~51ページ

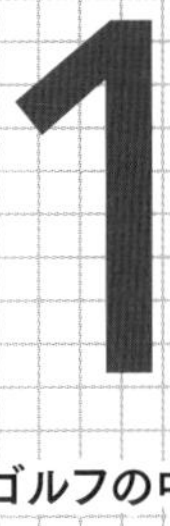

1

ゴルフの中で
最も重要で
こだわる基本

### アドレス
→52~57ページ

2

ゴルフスイングに
必要な
前傾姿勢

### ダウンスイング
→70~77ページ

5

下半身から
順番に運動を
連鎖させる

### インパクト
→78~83ページ

6

グリップエンドリードで
クラブを入れ替え
左回旋運動

# グリップは自分で研究しマイナーチェンジを繰り返そう

### 適度なフックグリップがおすすめ

球がつかまらない人やフェースが開きやすい人は、適度なフックグリップにして、あらかじめフェースをクローズにしておこう。初心者にもおすすめだ

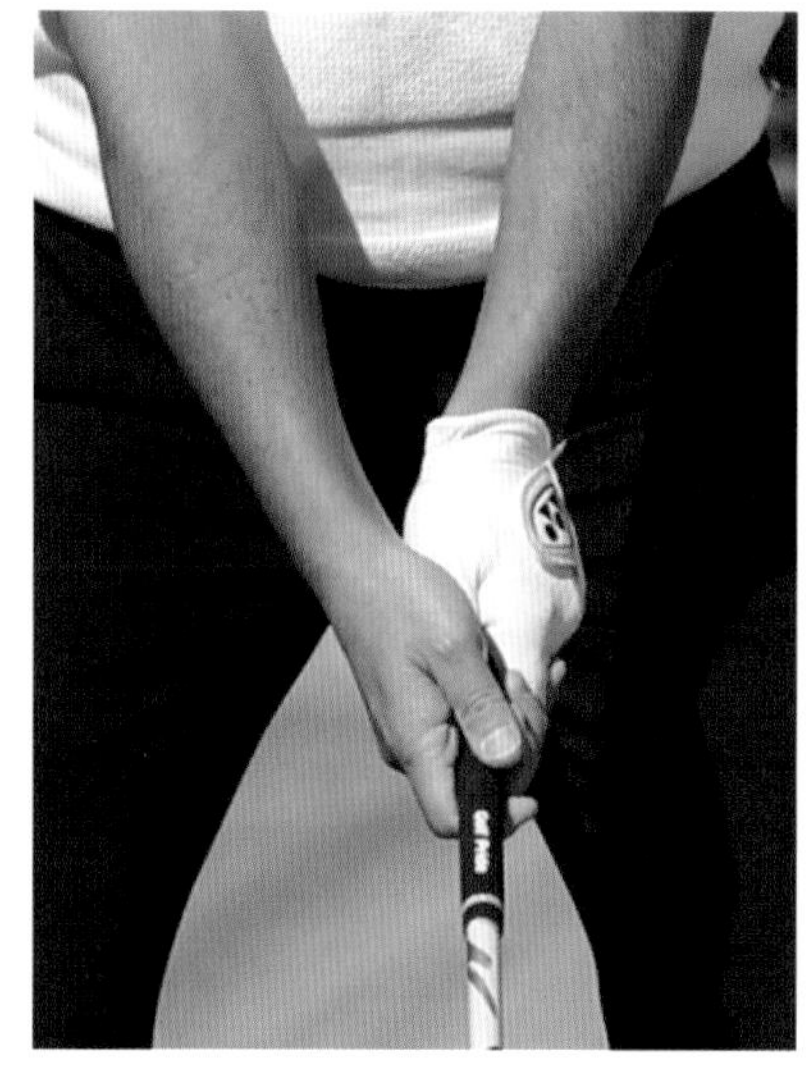

## プロでもグリップは何度も調整する

グリップはとても重要です。プロであってもグリップを何度もマイナーチェンジするほど、こだわっている部分です。手の当て方が1センチ変わるだけで、フィーリングがまったく別物になります。ですので、グリップは自分で日夜研究し、マイグリップを探し出しましょう。もちろん、インストラクターに相談をしたり、ショップに売っている養成器具を試してみるのもおすすめします。

# 前傾姿勢とグリップの関係性

**アドレスで前傾姿勢をとらないと正しいグリップにはならない**

正しいグリップができても、アドレスが間違っていたら意味のないものになってしまう。アドレスとグリップはセットと考えよう（アドレスは52ページからを参考に）

## グリップの種類

オーバーラッピング

インターロッキング

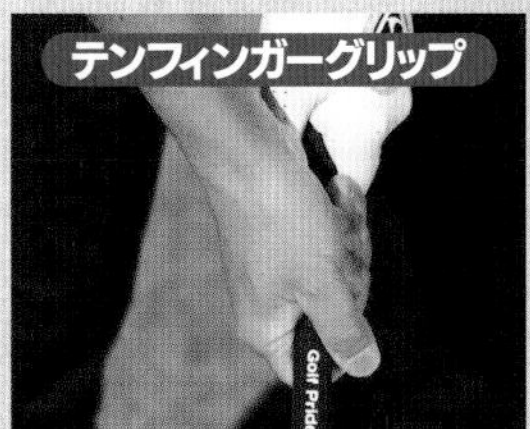


テンフィンガーグリップ

左手と右手の合わせ方は、どれを選んでも構わないが、まずは、オーバーラッピングかインターロッキングを試してフィーリングが合うほうを選ぼう。それでもしっくりこなければ、テンフィンガーグリップも選択肢の1つだ

# 左手はコッキングをしやすいグリップにする

指の付け根で握る
斜めの角度で
指の付け根を
合わせる

指の付け根で握ることでコッキングがしやすくなる。親指はグリップに乗せる

クラブのグリップに対して、斜めの角度で指の付け根を合わせる

## 手のひらではなく指の付け根で握る

左手のグリップはとても大事です。スイング中に手首を可動しやすくさせることがポイントで、手のひらではなく指の付け根で握るようにします。おすすめなのが、下の写真のように体の横でグリップをすること。この状態でクラブが持ち上げやすい握り方を見つけましょう。

ココに注目！
CHECK IT OUT!
左手は右手よりはしっかり握る


グリップは優しく握るのは大正解。ただし、左手は右手に比べてしっかり目に握って、クラブ操作をやりやすくしましょう

### 体の横でクラブを握る

OTHER ANGLE

#### 可動範囲が広くなるグリップ探し

ヘッドを地面に置いて左腕をだらんと垂らす。手の甲をやや上向きにしたフックグリップを基本に握る。ヘッドを持ち上げ動かし、可動範囲が広い握りを探そう

# 頼りない右手のグリップ だからこそコントロールできる

## 右手の2点でクラブを支える

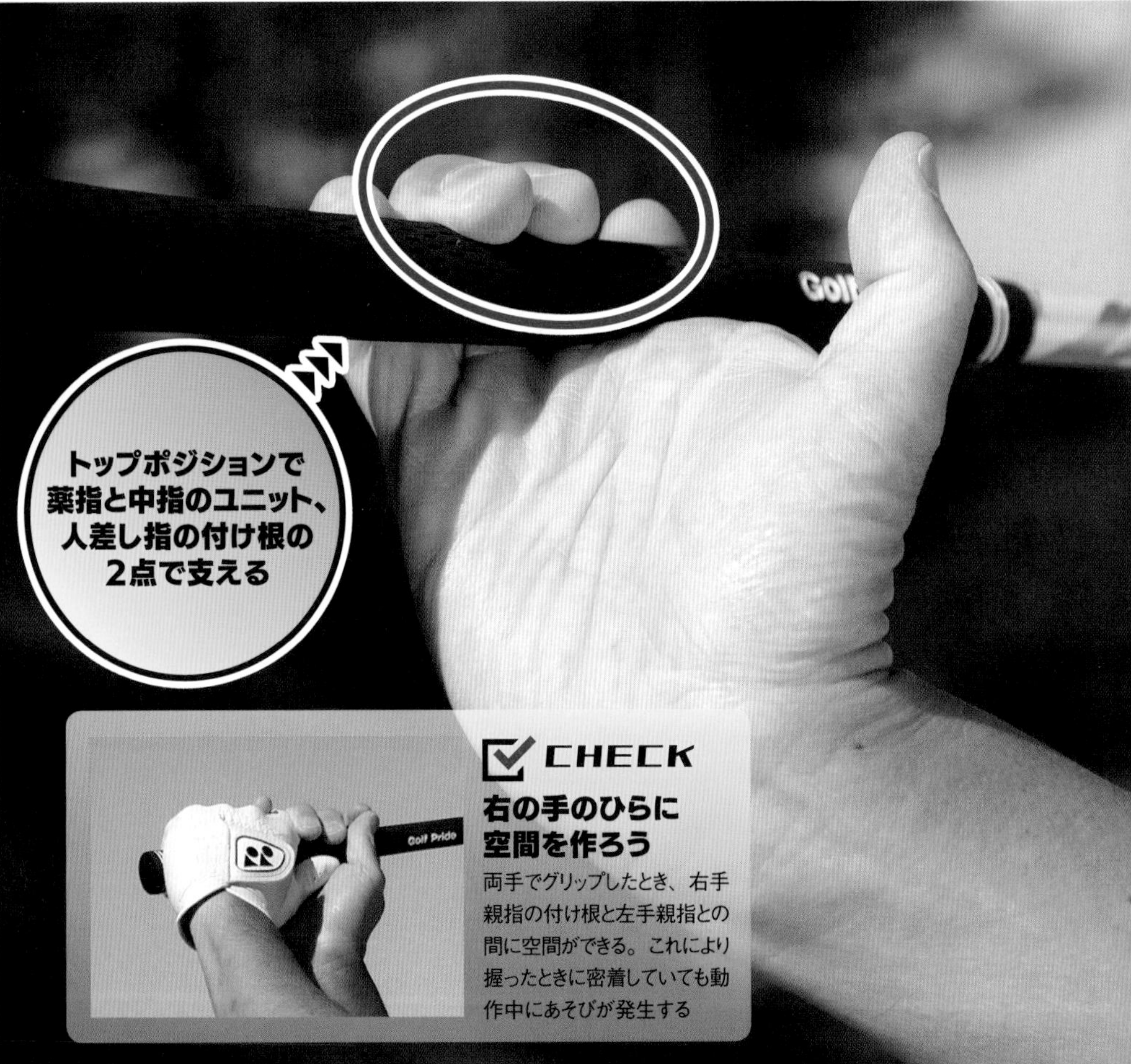


**トップポジションで薬指と中指のユニット、人差し指の付け根の2点で支える**

**CHECK**

**右の手のひらに空間を作ろう**

両手でグリップしたとき、右手親指の付け根と左手親指との間に空間ができる。これにより握ったときに密着していても動作中にあそびが発生する

## コントロールしやすいグリップにする

右手のグリップは、左手に比べて指の接地面積が少なくなります。中指と薬指のユニットと人差し指の付け根の2点で支えます。想像以上に接地面積が少ないため、かなり頼りないグリップに感じると思いますが、これこそがクラブをコントロールしやすくなるポイントです。

### フィーリングを出すグリップにする

左手の親指を包み込むように右手はかぶせますが、左右の手が密着しすぎないように。フィーリングが出せるグリップに！

OK

### 指に乗るようにする

トップポジションにしたとき、中指と薬指のユニットが、人差し指の付け根を支点にクラブを引っかけている状態を作ろう。中指と薬指のユニットに意識をおいて動かせば、クラブヘッドを上手にコントロールできる

NG

### ギュッと握るとアウトサイド軌道に

右手に力が入りやすくなるアマチュアゴルファーはとても多い。手のひらでギュッと握ってグリップしているのなら、今すぐ改善しよう。力むことでアウトサイドアタックのスイングになってしまう

# 右手1本でクラブを振り クラブ操作を実践する

タメを
作りながら
クラブを反転
させればヘッドは
加速する
YONEX


グリップエンドを入れ替え一気に反転させる。これによりヘッドが加速する

## 深いテイクバックや理想的なダウンスイングに

前ページのグリップを作ったら、クラブを振ってみましょう。グリップが正しければ、トップで右の肩甲骨が背骨のほうに寄り深いテイクバックがとれ、右手首の角度を保ったままダウンスイングをすることもできます。反復練習して操作しやすいグリップを探しましょう。

ココに注目！
CHECK IT OUT!
グリップは形よりも
操作性が大事
グリップの形を作ることよりも、重視するのは操作性です。左右の手それぞれが機能するグリップ作りを意識しましょう


## 正しいスイング軌道をイメージして振る

ヘッドの下降によりグリップエンドは上昇する。ヘッドの重さによって人差し指の付け根に深く乗る

右手の角度（コック）を保ったままダウンスイング

グリップエンドをリードさせながらダウンスイング

# 正しく前傾姿勢をとることがスイングの回旋動作につながる

NG

**動けない体勢はNG**

**上体が前すぎると動けない**

前傾姿勢をとるために、上体を深く曲げてしまう。これだけ深いと動くのは難しい

**ヒザで調整すると回旋できない**

上体はまっすぐなままヒザを曲げた姿勢は、体を回旋できず手打ちの要因

## 運動のしやすい姿勢で構える

アドレスは正しいスイング作りに欠かせません。ゴルフは、前傾角度を維持しながら体を回転させるスポーツですので、前傾姿勢がとれないと、まともにスイングすることは不可能で、ボールをインパクトすることもままならなくなります。

ポイントは、運動のしやすいアドレスをとることです。右上のNG写真を見てください。上体を深く曲げてしまったり、棒立ちでヒザだけを軽く曲げてい

## 運動ができる姿勢をとることがポイント！

アドレスのポイントは、動きやすく安定した姿勢。そのためにも力まずリラックスする

背骨から骨盤のラインをまっすぐに！

足の付け根から曲げて前傾する！

ヒザを軽く曲げバランスをとる

る姿勢は、運動ができるイメージがまったく湧きません。この姿勢で体を回旋させてバックスイングをとるのは難しいでしょう。左上の写真のような、骨盤から傾け、背骨から骨盤のラインをまっすぐ揃え、自然とヒザを曲げている姿勢をとれば、体の回旋もスムーズにでき、動きやすそうな構えに思えるのではないでしょうか。

ココに注目！
CHECK IT OUT!
足の付け根から
運動できるように
足の付け根からの回旋運動がうまく使える姿勢をとることが大事です。股関節を動かしていくイメージを持ちましょう

# 股関節から前傾する形を習得しよう

2
股関節から
前傾する
クラブを押し当てた部位から曲げるように前傾する
3
最後にヒザを
曲げる
前傾したあとにヒザを曲げていく

## ヒザを曲げるのは最後にする

正しい前傾姿勢を作る形を説明します。バランス良く立ち、クラブを横に持ち足の付け根に合わせます。骨盤を傾けて背骨から骨盤のラインをまっすぐに揃えたら、最後にヒザを曲げます。最後にヒザを曲げることがポイントで、この順番を守ってアドレスをしましょう。

ココに注目！
CHECK IT OUT!
鏡の前で見ながら
動作確認しよう
前傾姿勢がとれているかどうかは、鏡を使って自分の目で確認しましょう。練習の前に毎回チェックするのがおすすめです

## 前傾姿勢を身につける練習メニュー

### 1 バランス良く立つ

足の付け根にクラブをつける

足の付け根にクラブを当ててバランス良く立つ

NG

### 先にヒザを曲げるのはNG

アマチュアゴルファーにもっとも多いのが、はじめにヒザを曲げてしまうNG動作。ヒザを曲げてから前傾すると股関節から折れなくなるため、上体が立ってしまう

# 上体が縮こまりがちな人は胸を広げる意識を持とう

NG

**バックスイングで縮こまってしまう**

前傾を意識しすぎるあまり、頭が下がって胸が閉じて窮屈な姿勢になってしまっている。これだとバックスイングで縮こまってしまう

## 上体が縮こまると回旋がしづらい

クラブを持ってアドレスをとったとき、胸が丸まった姿勢になる人はとても多いです。上体の前傾を意識しすぎた結果なのですが、バックスイングで縮こまるため回旋動作がしづらくなります。そんな人は、胸を開くように肋骨を広げて構える意識を持ってみてください。

### 大事なのは動きやすい形

アドレスで大事なのは動きやすい形を作ることです。前傾角度や重心のとり方などは、色々試して探求しましょう。

OK

**胸を広げればスムーズに回る**

正面から見たときに顔が見える程度上げて胸を広げて構えよう。力んでいないので、バックスイングも大きくスムーズな動作になる

# アドレスからの初期動作でワンピース・テイクバックにする

## アドレスから8時まで動作を連動させる

### クラブではなく回旋運動を意識

アドレスからクラブを上げていく動作がバックスイングです。スイングの初期動作となります。イメージとしては、「クラブを上げていく」という人が多いかもしれませんが、胴体の回旋運動のスタートというイメージを持ったほうが良いと思います。なぜなら、クラブを手首だけで上げてしまうアマチュアゴルファーが多く、体の右回転が発動されないからです。そこで、アドレス時の6時から8時までは、

動画をCHECK!

OTHER ANGLE

8時の位置まで連動して動く

ワンピース・テイクバックの意識を持ちましょう。

ワンピース・テイクバックとは、クラブ操作と回旋運動を連動させることです。強く意識するのはクラブではなく胴体の回旋で良いでしょう。こうすることで、トップポジションでの体の回旋不足も防ぐことができます。

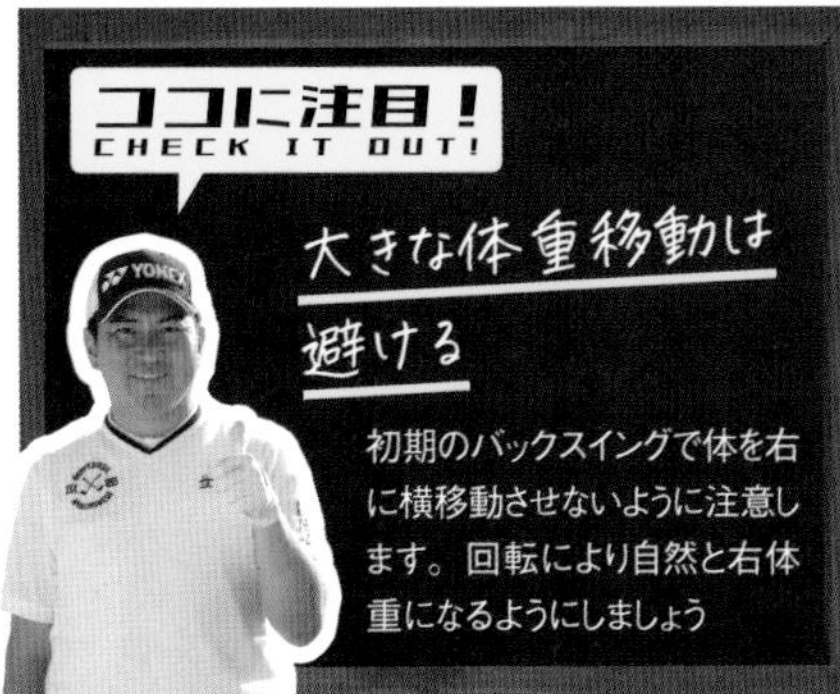

ココに注目！ CHECK IT OUT!

## 大きな体重移動は避ける

初期のバックスイングで体を右に横移動させないように注意します。回転により自然と右体重になるようにしましょう

# 胴体の回旋運動が重要ポイント!

## ベルトのバックルから動かす

はじめに意識すべきパーツは、ベルトのバックル。バックルを右回旋させていこう

YONEX
右の股関節に
徐々に体重を
乗せていく

## ベルトのバックルと右のお尻を意識する

初期動作で意識すべき回旋動作のポイントは2つあります。まずは、ベルトのバックルを右回転させるように動かしましょう。その意識を保ったまま、右のお尻を引いていきます。自然と右ヒザが少し伸ばされて、右の股関節に体重が乗ることで、スムーズに回旋できるのです。

ココに注目！
CHECK IT OUT!
前傾角度をキープし続ける


前傾姿勢を崩して回旋することはできません。体は回らずクラブを動かすだけになるでしょう。前傾角度は必ずキープです

### 同時に右のお尻を後ろに引く

右のお尻を引くことも意識するべきポイント。横移動しないように注意する

右のお尻を引いていくと右ヒザが自然と伸びていく

# クラブを反転させる ハンドワークを意識する

## グリップエンドを下降させていく

時計の8時を越えた時点から、クラブを反転させていく

9時くらいまでにクラブを反転させ、10時以降、グリップエンドはリフトアップされるのみ

## グリップエンドを下降させていく

体の回旋運動から腕の運動をうまく使っていきます。時計の8時の位置を越えた時点で、クラブの反転動作を加えていきます。グリップエンドを下降させていく運動です。左手首を曲げながら（コック）、右腕を外旋させ、右手は腕相撲で負けている状態を作っていきましょう。

ココに注目！ CHECK IT OUT!

### 反転作業を片手ずつ確認

クラブ操作はそれぞれの手で確認しましょう。鏡を見ながら片手ずつバックスイングをして、動作チェックをします

NG

### クラブを平行にして持ち上げるのはNG

上達しないアマチュアゴルファーに多いのが、上のNG写真のバックスイングの形。グリップエンドとクラブヘッドが両方とも上昇してしまう。これでは、スイング動作、つまり運動がまったくできなくなる

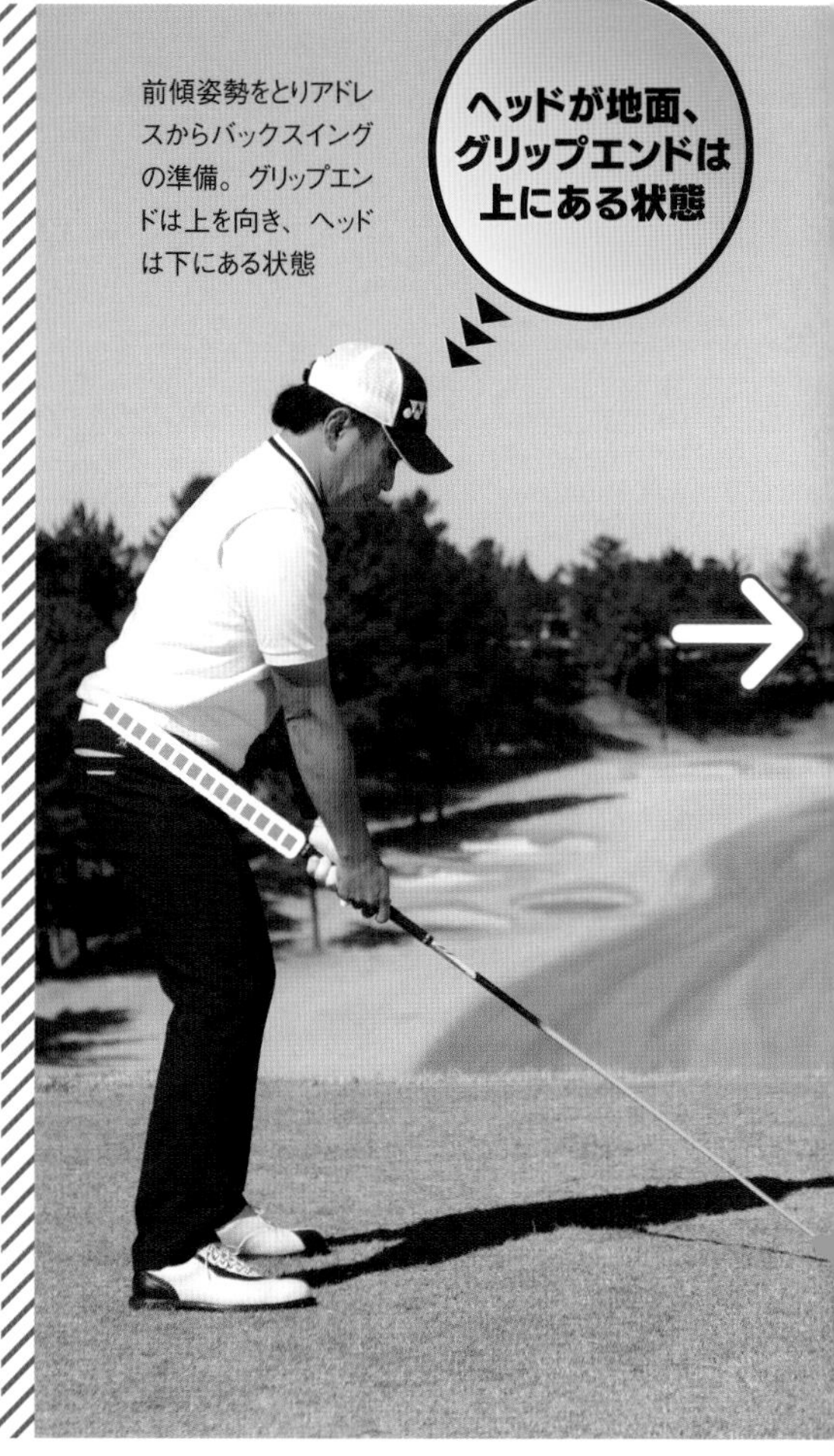
ヘッドが地面、
グリップエンドは
上にある状態

前傾姿勢をとりアドレスからバックスイングの準備。グリップエンドは上を向き、ヘッドは下にある状態

# トップでは止まらずに切り返し位置と考える

下半身から
動き出し
ヘッドは
最後に動く!


切り返しのタイミングは個人差があって良い。自分のタイミングを見つけよう

## 切り返しのためにトップで静止しているように見える

バックスイングで、クラブと腕を振り上げていく最終地点がトップポジションになります。最終地点と言いましたが、トップポジションは、静止する場所ではなく、スイングの一連の運動として捉える必要があります。ゴルフは、トップで一度止まってから「せいの」で打つ競技ではなく、連動した動きの中で、トップで「間」が作られているだけなのです。

スイングは、トップから切り

# バックスイングから切り返しまでの流れ

トップでは止まらず切り返すポジションだと考えよう

体を右回旋させて腕を上昇させてトップポジションに進む

体をねじり深いトップポジションを作るが、止まる意識は持たないほうが良い

返され、ダウンスイングへと進みますが、切り返し時に先に動き出すのはクラブではなく体、それも下半身です。下半身が動いたあとに上半身が動き、最後にクラブです。この時間差が生まれるために、トップで静止しているように見えるというのが正しいでしょう。もちろん個人差はありますが、メカニズムは知っておきましょう。

あくまでトップは結果！

スイングの切り返していく場面ですので、トップポジションはあくまで運動連鎖の中での結果だと考えましょう

# オーバースイングを恐れて低いトップにならないように！

## 理想的なトップポジション

YONEX
YONEX
胴体を
右回旋して
右股関節に
体重を
乗せていく


右のお尻を引くように右回旋していく。体の回転と同時にクラブを上昇させてトップポジションまで運んでいく

## 条件を満たした中で深いトップを作る

理想的なトップポジションは、前傾角が維持され胴体がしっかり右回旋し、右の股関節に体重が乗っている状態を作った状態です。体の動作に合わせて腕を上昇させ、右の写真までいけば言うことありません。これらの条件を満たした中で、深いトップを作りましょう。

### トップが縮こまるとクラブが先行する

トップが縮こまってしまうと、切り返しでクラブを先行させてしまうアーリーリリースの要因を作ってしまいますので注意

NG

### 低いトップ位置は運動連鎖が起きない

オーバースイングを恐れてトップの位置が低い人がいる。体の回旋運動が適切であればオーバースイングになることはない。それよりも回旋していないほうが問題。正しく体を使わないとスイングの運動連鎖が起きないので注意したい

NG

### 軸が傾かないよう注意!

軸が左にズレている

回旋運動ではなく軸を左に傾けてしまうと安定したスイングにならない

腰がスライドしている

腰が左にスライドしてしまうと、ダウンスイングが正しく行えない

# 左手でクラブを持ち 右手でヒジをおさえる練習

## 自分のベストなトップポジションを知る

YONEX
左ヒジを
曲げずに
胴体を右回旋
させていく


左手にクラブを持ち、右手で左ヒジを押さえる。アドレスからバックスイングしていく

## 左ヒジが曲がらないように意識しよう

トップのベストなポジションを知るために、左腕だけでクラブを持ち右手で押さえながらバックスイングをします。左ヒジが曲がらないように意識し、体を右回旋させていきましょう。個人差はありますが、左腕が耳の横まで上がった位置を目安にすると良いでしょう。

深く入った場所から切り返すクセをつける

バックスイングで深い位置まで回旋し、そこから切り返していくクセをつけてください。ここの動作習得はとても重要です

深く入れば切り返しが流れの中でとれるように！

右の股関節に体重を乗せながら、最大限腕を上げていく。自分のトップポジションを知ろう

NG

### 左ヒジを曲げるとオーバースイングになる

左ヒジが曲がりクラブを担ぐようなトップポジションが、いわゆるオーバースイング。ここからスムーズに切り返すのは無理がある

# トップからの切り返しで運動方向が変わる

動画をCHECK!
YONEX
下半身から上半身、腕と連動させて動かそう

右回旋から左回旋と運動方向を変えてダウンスイングをスタートする

## 右回旋で作ったねじれを下半身から戻していく

トップポジションから切り返してダウンスイングをしていきます。右回りだった運動を左に切り替えていく作業です。また、溜め込んでいた力を開放し、ヘッドスピードを出していく動作になります。

クラブヘッドにいかに出力を生ませるかがポイントになりますが、大事なのはクラブヘッドは最後に動くということです。ヘッドからもっとも遠い左の下半身から始動するイメージで、

## 蓄積した力を開放する場面

トップポジションは運動の流れの過程と考える

トップポジションから切り返していくタイミング

切り返しでは、左足から動かしていく意識を持とう

足、胴体、腕の順番で運動が起こります。

この順番で連動できない人は、バックスイングで手先だけでクラブを持ち上げたり、正しい右回旋ができていないのが主な理由です。体がしっかりねじられていれば、ねじれを戻す運動が下から始まり、時間差で上に向かって運動が連鎖していくことになるのです。

ココに注目！
CHECK IT OUT!

### 手だけでクラブを上げても連動しない

手先でクラブを上げていると下半身を動かしても上半身は付いてきません。まずはバックスイングの動作を見直しましょう

# クラブヘッドは最後に遅れて動くイメージ

## 左の下半身から動かしていく

このあたりから
クラブヘッドに
力を加えても
構わない


グリップエンドが上昇に転じたら、クラブヘッドに力を伝えていっても問題はない

グリップエンドが先行しハンドファーストに。ヘッドは遅れてインパクト

## ヘッドを動かす意識は持たないように！

インパクトに向けてヘッドスピードを出していく場面ですが、アマチュアゴルファーに多いのがヘッドを動かそうとしてしまうことです。正しくは体が先行し、クラブヘッドは最後に遅れて追いついてくるイメージ。手元は脱力して、体の回旋運動を意識しましょう。

### 手首のリリースを最後にする

ダウンスイング初期では手首のコックはほどかず、グリップの下降とともにリリースすることでヘッドスピードが生まれます

クラブヘッドに力は伝えない

切り返しでは、ヘッドに力を伝えない。グリップエンドはフラットな向きに変わっていく

腰から上半身の回転に連動するようにグリップが下りてくる

# ヘッドを動かすクセがつくと なかなか上達しない

## ヘッドを動かす意識が強い

NG
YONEX
手首のコックのリリースが早すぎる

ボールに当てにいきたいという気持ちが強いとヘッドに意識がいく

ダウンスイングの初期でヘッドが動くと出力が出ない

## ボールに当てにいきたい気持ちをなくす

72ページでも解説したヘッドを動かしてしまう意識はとても理解できます。ボールに当てたいという気持ちがあるため、ヘッドをボールに対して下ろす意識になってしまうからです。ただ、この意識ではいつまで経っても上達できません。イメージの変換が必要なのです。

ココに注目！
CHECK IT OUT!
アーリーリリースは
早めに直そう
アーリーリリースのクセがつくと、直すのになかなか時間がかかります。初心者の段階で修正しておきたいところです


## グリップエンドを動かすのが正解!

OK

グリップエンドを引っ張るように!

切り返しでは、胴体の左回旋運動を意識する

グリップエンドに意識を持ってリードさせるように動かしていく

# クラブが加速するまで腕とクラブの角度は一定に

## 8時4時で一気にクラブを反転させる

YONEX
グリップエンドを
反転させて
スピードを出す
8
7
6
5
4

切り返しから，腕の位置が8時までは、腕とクラブの角度（手首のコック）は一定にする

腕が4時にくるまでに手首のコックをほどくことで、ヘッドスピードを一気に加速させることができる

## インパクト付近で加速させる動作

インパクトで強い球を打つにはヘッドスピードが重要です。そのためには、インパクト付近で加速させる動作が必要です。ポイントは、時計の8時から4時の幅でクラブを反転させること。反転動作をするためにも、手首のコックをギリギリまでキープするようにしましょう。

ココに注目！
CHECK IT OUT!
ムチをイメージして振ってみよう


ダウンスイングの後半は、ムチをイメージしてクラブ操作をしてみると、ヘッドの加速が体感できます

### 手首のコックをほどかない

トップで作った腕とクラブの角度（手首のコック）は、ダウンスイング後半までキープする。グリップエンドを先行させ、一気にリリースすることでヘッドスピードを増幅させることができる

### コックをほどくと加速しない

切り返しからダウンスイングで、早めに手首のコックをほどいてしまうと、ヘッドスピードは加速しない。ボールを当てることを意識するあまりに起こる現象だ

# ハンドファーストでのインパクトが最重要！

**ハンドレートインパクトは大問題！**

ヘッドが先行してしまうハンドレートはフェースが開く原因。インパクトがまったく安定しなくなるので注意

**クラブの入れ替え動作がポイント**

インパクトの場面では、ボールを当てようという意識は持たないようにしましょう。クラブの入れ替え動作（12ページ参照）をイメージしながら、ダウンスイングからフォローまでグリップエンド側をリードさせてヘッドスピードを加速させていきます。

ここで重要なのは、ハンドファーストインパクトです。グリップをボールの位置よりも先行させて、後からクラブヘッドが

## グリップエンド側をリードさせる

グリップエンド側をリードしてクラブを引っ張る!

ダウンスイング後半にコックを解放しながらグリップエンドを先行させてインパクトを迎えよう

付いてくるようにします。クラブを引っ張るようにすることで、インパクト時にフェースがクローズになります。

逆にヘッドが先行してグリップが遅れてくるハンドレートインパクトになると、フェースが開いてミスショットが多発します。ヘッドスピードも減速しますので注意しましょう。

### 動画を撮影してインパクトを確認

自分のインパクトは、客観的に見てチェックします。スイングを動作が撮影して確認しながら修正していきましょう

# ハンドファーストにすれば ロフトが立つ

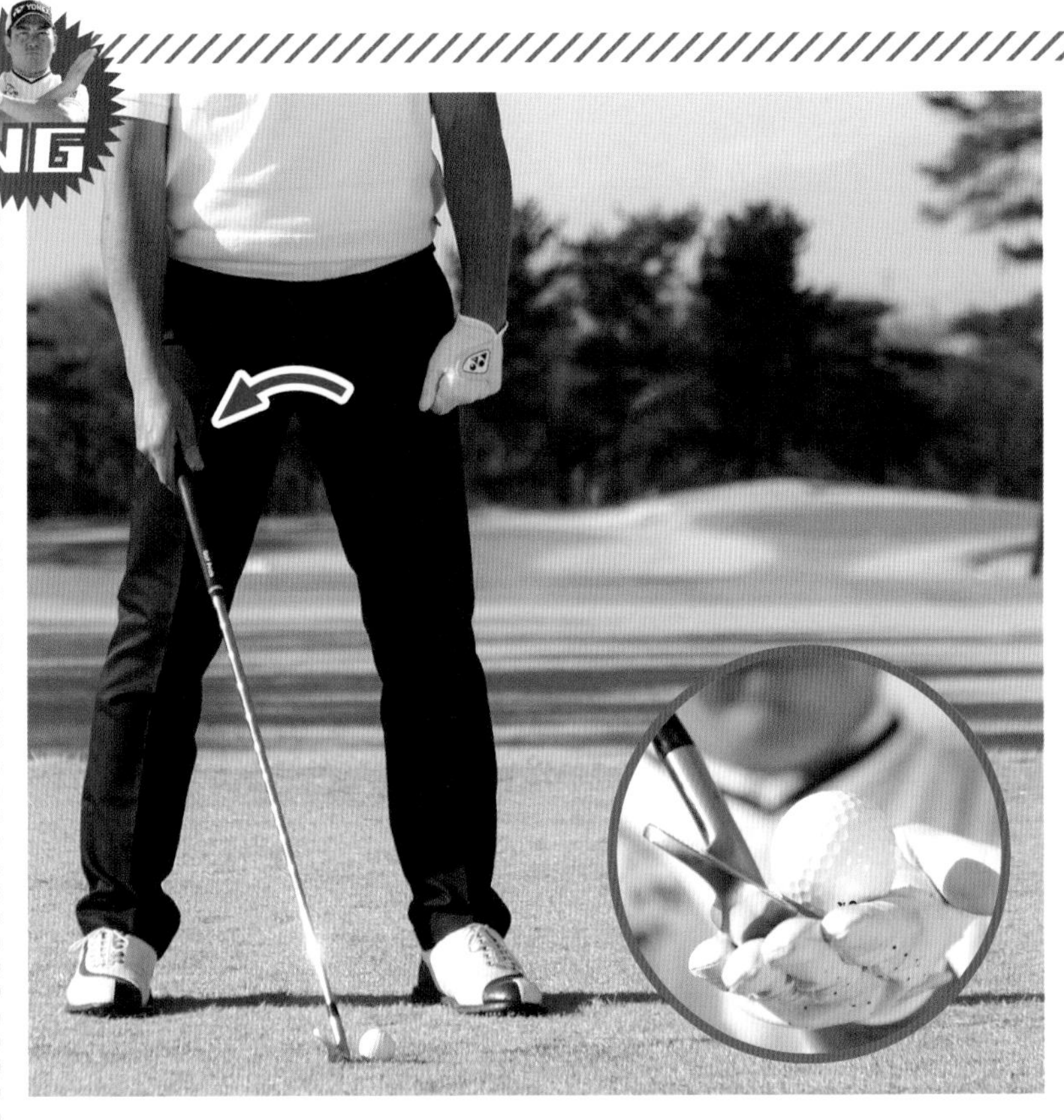


**フェースが開くとミス連発!**

ヘッドが先行するハンドレートは、写真のようにフェースが開く要因の1つ。様々なミスショットを連発してしまうので注意しよう

## 左手をリードするイメージを持つ

インパクトでフェースが開くと、スライスしたりボールがつかまりづらくなります。そのためにも、フェースを閉じてロフトを立てた状態を作ることが大切です。意識としては、ハンドファーストインパクト。下写真のように左手をリードするイメージを持ちましょう。

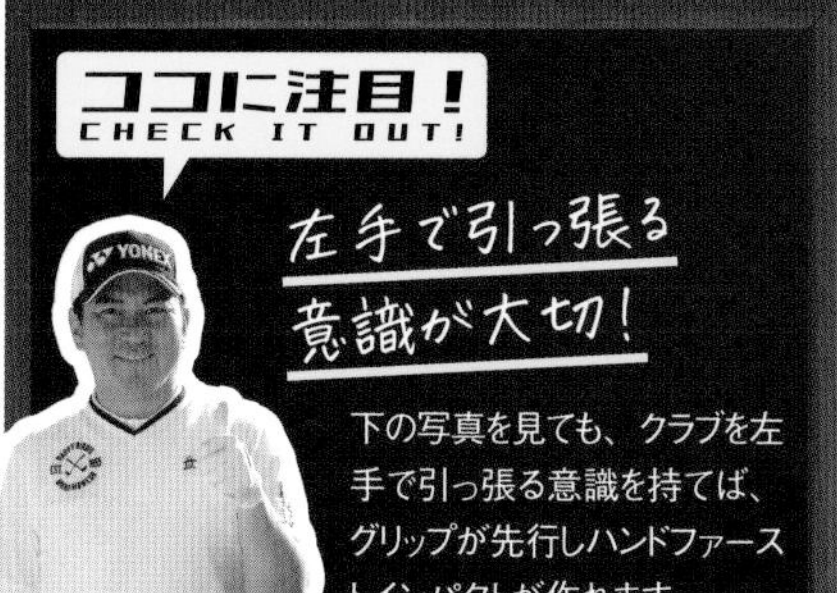


左手で引っ張る意識が大切！

下の写真を見ても、クラブを左手で引っ張る意識を持てば、グリップが先行しハンドファーストインパクトが作れます

OK

### ロフトを立ててインパクト

グリップエンド側を先行させるハンドファーストインパクトにすれば、ロフトが立ってフェースが閉じる。つかまるボールになる

# 小さいスイングで インパクト動作を習得

## 小さい運動でコツンと当てるイメージ

**CHECK**

**左手1本も効果的!**

インパクトでの精度アップは、左手1本で行うドリルもおすすめ。ハンドファースト作りの効果はとても高い（120ページ参照）

3時くらいまでフォロー。クラブの入れ替え動作を意識しよう

## 9時3時くらいの振り幅で練習

ダウンスイングからインパクト、フォローまでは、振り幅の狭い小さなスイングで習得を目指すのがおすすめです。グリップエンドを先行させる動き、手首のコックのリリース、ハンドファーストインパクトの意識を強めながら、小さくコツンと当てるくらいで練習しましょう。

ココに注目！
CHECK IT OUT!
クラブ操作と
運動を覚える


この練習は、正しいクラブ操作や運動を理解するのにとても適しています。イメージできればオーバースイングも防げます

時計の9時からダウンスイング

腕が時計の9時くらいになる位置からダウンスイングを開始。コックを徐々にほどいていく

グリップエンドを先行させ、ハンドファーストインパクトにする

# グリップエンドの反転はインパクト後も継続させる

## チキンウィングは減速させる要因

クラブの反転動作ができないと、チキンウィングになることが多い。これだとヘッドスピードが減速してしまう

**フォローにつながるクラブ操作を意識する**

インパクトでボールを捉え、その後にフォロー、フィニッシュへと進みスイングが完了します。

実際のところ、ボールを打った後だからと、フォローやフィニッシュを重要に思わないアマチュアゴルファーが結構います。じつは、フォローの形や動作によって、ダウンスイングからインパクトで、ヘッドが加速するか減速するかが決まることもあるのです。

OK

# ヘッドを加速させるフォロースルー

動画をCHECK!

インパクトからクラブを反転させるようにグリップエンドを下降させていくことで、ヘッドの加速は増していく

OTHER ANGLE

上のNG写真のように、左ヒジが引けてしまう、通称チキンウィング（98ページ参照）は、ヘッドスピードを減速させてしまう要因の1つです。クラブヘッドを加速させるためには、OK写真のような、グリップエンドの反転を継続させましょう。インパクトで終わらせるのではなく、フォローにつながるクラブ操作を意識してください。

ヘッドに引っ張られ両腕が伸びていく

インパクト後は、加速しているヘッドに引っ張られるように両腕が伸びていきます。クラブと体の引っ張り合いを感じましょう

# フォローを矯正することでスイングが変わる!

ヘッドが先に動いてハンドレートインパクトになる

クラブの反転動作ができずチキンウィングになってしまう

グリップエンドを先行させてハンドファーストでインパクトする

クラブを反転させられるので加速を生むフォローになっている

## 逆算してスイング改善する

フォローの形を矯正すると、ダウンスイングが変わります。フォローで正しくクラブを反転させるには、ハンドファーストインパクトにする必要があり、そのためにはグリップエンドを先行させていきます。なかなかスイング改善できない人はフォローから逆算してみましょう。

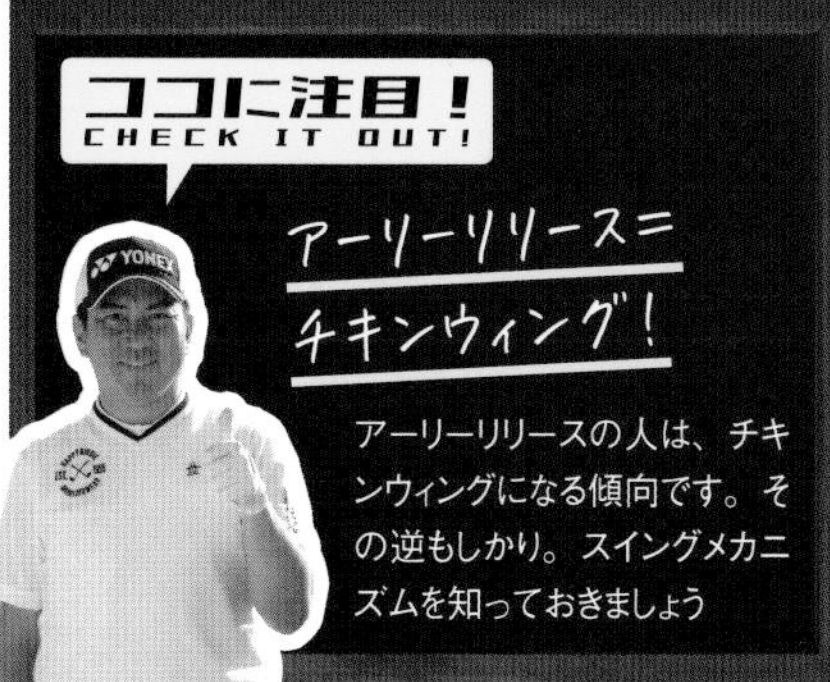

ココに注目！
CHECK IT OUT!
アーリーリリース＝
チキンウィング！


アーリーリリースの人は、チキンウィングになる傾向です。その逆もしかり。スイングメカニズムを知っておきましょう

### NG オーバースイングからチキンウィングになる

トップポジションでオーバースイングになってしまう

アーリーリリースになり、アウトサイド軌道で入ってしまう

### OK クラブの反転動作でスイングが改善される！

理想的なトップポジション。胴体の右回旋もできている

グリップエンドを下降させることで、ヘッドが遅れて下りてくる

# 左ヒジを中心とした回転動作を左手1本の片手打ちで習得！

## 左手だけで素振りをする

腕相撲の
負けている側に
左手首と左ヒジを
曲げるイメージ！


親指を立てていきながらグリップエンドを下降させ、ヘッドが上昇していく

## 左手の親指を立てるようにフォロー

クラブの正しい反転動作は、左手の使い方がポイントです。そこで、左手1本の片手打ちで左ヒジを中心に回転させ、クラブの入れ替え運動を習得しましょう。グリップエンドを先行させてインパクトを迎えたら、左手の親指を立てるようにフォローしていくイメージです。

ココに注目！
CHECK IT OUT!
フィニッシュは
左足で立つ
フォローからフィニッシュまでは、左足に体重に乗せます。バランス良く立ってスイングを終了させることがポイントです

グリップエンドを先行させていく

左手1本でクラブを持ち、素振りをする

インパクトを迎えるタイミングでクラブを反転させていく

Column 2

スイングの原理

# ドライバーとアイアンでは振り抜き方向を変える

スイングをしていく中で、ドライバーショットとアイアンショットでは、クラブを振り抜く方向を変える必要があります。ドライバーはターゲットの右方向に振り抜き、アイアンはターゲットの左方向に振り抜くのが正解です。これは、スイング軌道の違いによるものです。ドライバーは、アッパーで当たるため、通常に振ると軌道がアウトサイド・インの軌道になります。軌道をストレートから軽いインサイド・アウトにするためには、スイングプレーンを右に向けていくのです。アイアンは、ダウンブローなので、通常はインサイド・アウトの軌道になり、振り抜き方向が右になります。ですので、左に振り抜くようにして、スイングプレーンを左に向けていくのです。クラブの特性を知っておくことで、スイングも変えていく必要があることを覚えておきましょう。

# PART 3

# 上達をジャマする悪いクセ

BAD GOLF SWING HABITS

上達しないのには理由がある。
スイングに根本的な原因があれば
見直すことも必要だ。

INTRODUCTION

## 自分自身のスイングを見直す

# 上手くならないのには理由がある

これじゃあ、
ボールは飛ばないし
スイングも
安定しないよ!

**アウトサイドアタック**

→94ページ

1

このスイング軌道で
本当にOK?

**アーリーリリース**

→96ページ

2

手首のコックを
ほどくのが
早すぎない?

## 上達を妨げる原因はスイングの悪クセ

上手くなるためには、なぜ上手くいかないのかの理由を知る必要があります。ボールが飛ばない、まっすぐ飛ばない、ミスショットが連発するという場合には、必ずどこかに原因があり、それを改善しないと根本的な解決とはなりません。その原因となるのは、ほとんどがスイングの欠陥であり、動作の中での悪いクセです。この章では、アマチュアゴルファーに多い問題と、その改善点を紹介します。自分自身のスイングを見直し、正しいスイング動作を習得してください。

### チキンウィング
→98ページ

3

窮屈なフォロースルーになっていない？

### フェースが開く
→100ページ

4

ヘッドが先行して暴走していない？

### 肩が突っ込む
→102ページ

5

右肩が突っ込んで開いて打ってない？

### すくい打ち
→104ページ

6

球を上げたい意識が強すぎない？

## 悪いクセ①

# アウトサイドアタック

**正しいスイングプレーンの
外からクラブが下りてくる動き**

### 飛距離も出ずミスが多いショットになる

アマチュアゴルファーに多い悪いクセが、写真のようにアウトサイドからクラブが下りてきてしまうスイングです。ボールに当てようと意識しすぎる人で、自分の視界にヘッドが入ってきた方が安心感があり、ボールに当たる感じがすると感じるからです。アウトサイドの軌道になるとスライスになりますが、飛距離が出ずミスショットも多いため、上達のためには改善しなければなりません。

ヘッドが視界にあると安心する～!!

動画をCHECK!

切り返しからグリップを先行させるイメージで、ヘッドへの意識を持たずにクラブを下ろしてみよう

これで改善！

## 背中側からクラブを下ろすように意識しよう！

アウトサイドアタックは、トップから切り返しでのクラブ操作を改善する必要があります。上の写真のように、背中側からクラブを下ろす、インサイドアタックが、正しいクラブ操作になります。インサイドからクラブが下りるとインパクトの直前までヘッドが視界に入らず不安にはなりますが、その不安を取り除けるまで、ゆっくり動きを確かめながらダウンスイングを練習しましょう。

## 悪いクセ②

# アーリーリリース

**当てにいく意識が強くて
ヘッドを動かしてしまう動き**

ヘッドをボールに
当てないと……
動画を
CHECK!


### フェースをスクエアに戻す意識が強すぎる

バックスイングで左手首が曲がり、手とクラブに90度くらいの角度をつきます。これらの動作をコックと言います。これトップからの切り返しで、手首のコックを維持しながらダウンスイングしていきますが、早いタイミングでコックをほどいてしまう現象が見られます。これが問題の悪いクセの1つ「アーリーリリース」です。

アーリーリリースになる要因は、ヘッドでしっかりボールに当てようと、フェースをスクエアに戻す意識が強すぎることです。クラブと腕を早い段階からまっすぐにしてはいけないのです。

グリップエンドを先行させてダウンスイングしていこう。
ヘッドの操作はまったく意識しなくてOK

これで改善！

## グリップエンドを先行させて シャフトをしならせてみよう！

理想的なダウンスイングは、切り返しで手首のコックが保たれたままクラブが下りて、時計の9時を過ぎたあたりからコックがほどけていくこと。手首のコックが一気にほどけることで、シャフトがしなってヘッドは加速します。じつは、グリップエンドを先行させることで、クラブが下りながら自然とコックがほどけます。あとはシャフトをしならせるように振るイメージを持つことがポイントです。

# 悪いクセ③ チキンウィング

フォローで左ヒジを引いてしまう動き

動画をCHECK!

## アーリーリリースからの流れで起こる悪クセ

フォローで左ヒジが引けてしまう現象をチキンウィングと言います。チキンウィングは、弾道のクオリティが低下し飛距離が出ないのが問題です。96ページで解説したアーリーリリースからの流れで起こりやすく、無理にクラブを振りにいったときに、グリップエンドの収まり位置が悪く、結果ヒジが引けてしまうのです。改善するには、根本的なスイング動作を変える必要があるでしょう。

なんか窮屈で
収まりが悪いな～

ダウンスイングでグリップエンドが左に向かい、インパクトを境にヘッドが走ってクラブが反転する

これで改善！

## グリップエンドを反転させて振ってみよう！

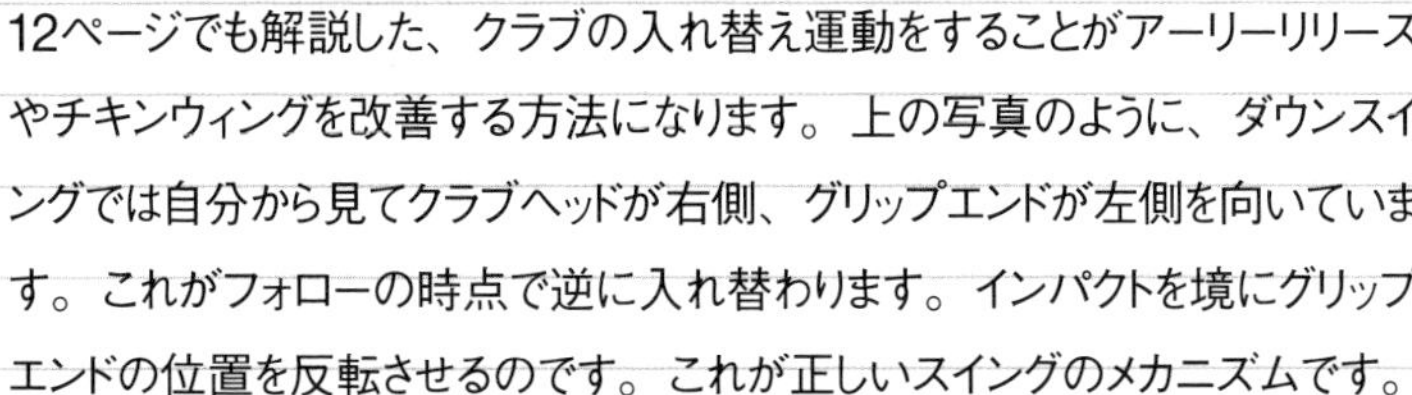

12ページでも解説した、クラブの入れ替え運動をすることがアーリーリリースやチキンウィングを改善する方法になります。上の写真のように、ダウンスイングでは自分から見てクラブヘッドが右側、グリップエンドが左側を向いています。これがフォローの時点で逆に入れ替わります。インパクトを境にグリップエンドの位置を反転させるのです。これが正しいスイングのメカニズムです。

## 悪いクセ④
# フェースが開く

**ヘッドが先行することで起こる動き**

動画をCHECK!

ヘッドが
暴走しちゃう!!

### ハンドレートインパクトがフェースが開く原因

インパクトでフェースが開いてしまうとスライスが頻繁に出ます。コントロールできるスライスならまだ良いですが、精度が悪いと厄介です。フェースが開くのは、グリップエンドが先行せず、ヘッドが先にボールに向かう「ハンドレートインパクト」が原因です。ハンドレートになるとフェースを閉じることは不可能です。ヘッドが先に出れば出るほどフェースが開くメカニズムなのです。

グリップエンドを先行させればヘッドは遅れて動く。ハンドファーストになればフェースが開くことはない

これで改善！

## グリップエンドを先行させてみよう！

ハンドレートインパクトが原因なので、ハンドファーストのインパクトに修正することが改善ポイントです。動作としては、上の写真のようにグリップエンドをボールより先に進めます。インパクト時にグリップが先行していれば、フェースは必ず閉じます。切り返しでクラブをインサイドに下ろし、グリップエンドを動かしていきヘッドは遅れて動く。72ページの解説を参考にしてください。

悪いクセ⑤

# 肩が突っ込む

## こするようにボールを打ってしまう動き

動画をCHECK!

### 両肩がターゲットに早めに向いてしまう

「肩が開いているよ」と指摘されたことのある人は、右肩が前に突っ込んでインパクトをしているゴルファーです。ダウンスイングからインパクトにかけて、両肩が早めにターゲット方向に向いてしまう現象になります。

ダウンスイングでアウトサイドからクラブが下りる人に多く、ボールをこする打ち方になります。右手でボールを打ちにいく、当てにいくゴルファーにも多く見られます。

グリップエンドをコントロールしてダウンスイング。この動作により右肩が低く収まる

これで改善！

# インパクトで右肩を低く抑えるようにしよう！

改善ポイントとしては、まずはグリップエンドのコントロールを意識することです。インサイドからクラブヘッドを下ろし、グリップエンドを先行させてダウンスイングしていきます。このとき、右の上腕が体の近くを通るため、自然と右肩の位置が低くなります。右肩がしっかり収まれば、突っ込むことなく正しいインパクトを迎えることができます。

# 悪いクセ⑥
# すくい打ち

**ボールを上げたいと過剰な右体重になってしまう動き**

動画をCHECK!

高い弾道のボールを打ちたい！

## ハンドレートインパクトでフェースも開く

すくい打ちは、ボールを上げたい意識が強くなって起こる悪いクセです。インパクトでハンドレートになり、フェースが開くためスライスが出やすくなります。過剰な右体重になるため、ボールが上がりすぎて飛距離も出ません。スイング軌道もアウトサイドアタックです。ゴルフクラブは、正しいスイングで打てば自然とボールは上がります。無理に打とうとするとショットは乱れるのです。

クラブを短く持ちダウンスイングからフォローまでの素振りを行う。グリップエンドを左サイドに差し込むイメージだ

これで改善！

# 左サイドでグリップエンドをコントロールしてみよう！

過剰な右体重になってしまうのは、ヘッドを前に出してボールに当てたい気持ちがあるから。グリップエンドが左サイドに入る余地があれば体のバランスは改善できます。左サイドでグリップエンドをコントロールできるように、下半身から胴体を左回旋させるようにスイングしましょう。写真のようにクラブを短く持ち、グリップエンドを左サイドに差し込み練習が習得にはおすすめです。

Column 3 スイングの原理

# ゴルフスイングの進化は道具ではなく運動力学!

ゴルフスイングが昨今と比べて進化してきたといわれています。それは、クラブが進化し、最新のクラブに合ったスイングにするためだと思われがちですが、それだけではないのです。この進化は、運動力学や物理学の理論がゴルフ界に入ってきたからです。運動力学の先生たちが、「ゴルフのスイングはもっと効率的な動かし方がある」ということを言い始めました。従来のスイングは、ボールを飛ばす方向に対して存分に力を入れられない形で、不安定な動作を生む運動になっていると。スイングを正面から見たときに、リリースポイントが円の頂点になり、体を止めてリリースするスイング(写真左)です。これではなく、クラブのリリースと体を同期させ、体を開きながらハンドファーストにします。この方がヘッドスピードと挙動の安定の両方が得られるのです。グリップの位置をハンドファーストにしながら体も左サイドに回転させていきます(写真右)。このスイングの方が、スピードも出せるしフェースの挙動が安定することがわかり、トッププロの驚く飛距離も生み出す要因にもなっています。

# PART 4

# スイング作りの処方箋

GOLF SWING PRESCRIPTION

基本動作を繰り返し
正しい動きを全身に覚えさせれば
自分のスイングが作れる。

グリップエンドの上昇動作を覚えるドリル

# 9時4時スイング

3

4時までスイング！

4

コックをほどきながらインパクトを迎え、4時の位置までスイングする

## インパクト前後の基本動作を覚える

このドリルは、グリップエンドが低い位置から上昇していく動作を覚えるものです。通常通りにアドレスしてから時計の7時の位置に腕を運んでスタートポジションを作ります。

手首の角度は90度をキープし、そこから反動を使うために9時近くまでクラブを振り上げてからダウンスイングしてボールをインパクト。4時の位置でスイングを完了します。小さい振り幅の中で、インパクト前後の基本動作を習得しましょう。

7時に腕をセット!

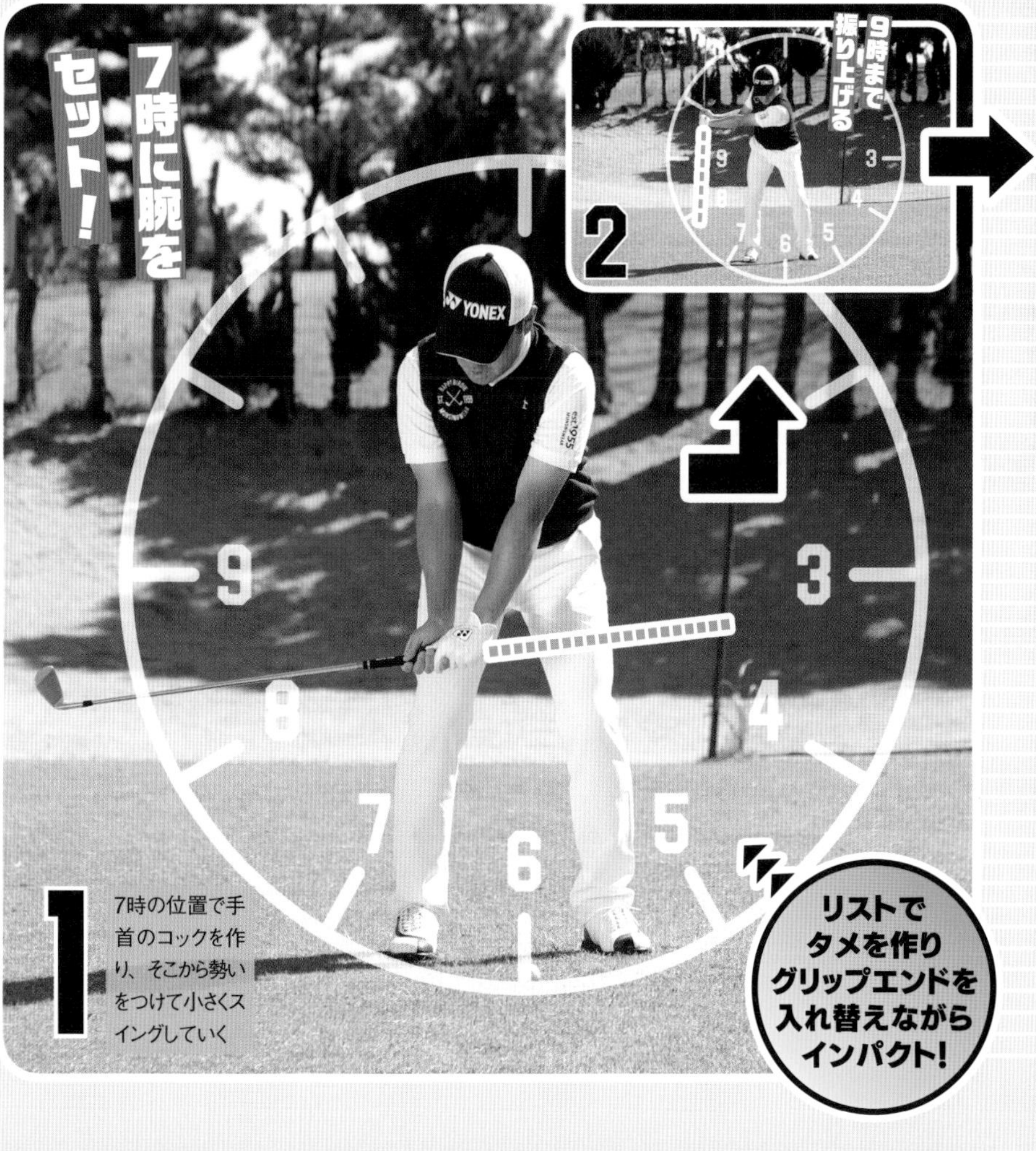

1 7時の位置で手首のコックを作り、そこから勢いをつけて小さくスイングしていく

2 9時まで振り上げる

リストでタメを作りグリップエンドを入れ替えながらインパクト!

球をつかまえフックボールを打つ

# クローズドスタンス

3

4

フックボールを打つ！

クラブを背中の方から通してインサイドに振る。スイング中に意識するのはこれだけ

## 右足を後ろに引いてストロンググリップで打つ

クローズドスタンスで打つと、すごく球がつかまります。ですので、このドリルは、球がつかまえられない人や、スライスに悩む人、アウトサイドアタックを直したい人におすすめのドリルです。通常通りアドレスをとって構えたら、右足を後ろに引きます。上体や両ヒザのラインはなるべくターゲットラインと平行にします。ストロンググリップにして、インサイドアタックをイメージしながらフックボールを打ちましょう。球をつかまえる感覚を習得してください。

通常通り構えてから右足を後ろに引く！

1

2

通常のアドレスから右足を後ろに引く。バランスを崩さない引き具合でOK

## 慣性モーメントを感じたスイング操作を習得

# 連続素振り

クラブの慣性を邪魔しないように左サイドに振り上げていく

胴体を左回旋してクラブを振り上げたら、止まることなく逆方向に動かしていく

クラブの重さを感じながら回旋運動。素振りが速くなりすぎないように注意する

クラブが下りるときに力を加え、ヘッドを加速させることがポイントだ

## クラブを下ろすときに力を加える

連続素振りをすると、ゴルフスイングの運動の流れが良くなります。そして、クラブが持っている慣性モーメントを感じながら、クラブと自分の動作を融合させることができます。つまり、クラブの正しい操作方法を身につけることができるのです。

ポイントはクラブを振り上げてから下ろすときに力を加えてあげること。動きを止めずに、リズミカルに素振りをしてください。普段からプロも実践するおすすめドリルです。

1 通常のアドレスをとるか、少し狭いスタンスでもOK。胴体をしっかり回旋させる

2 クラブの重さを感じなら振り下ろしていく。グリップは柔らかく持とう

5 逆サイドにクラブを下ろしていく。連続させることに意味がある

6 アドレスに戻すことなく、下半身から胴体を動かしてクラブを振り上げる

クラブと腕や体を同調させる

# スプリットハンド

3

ベルトの高さまで振る！

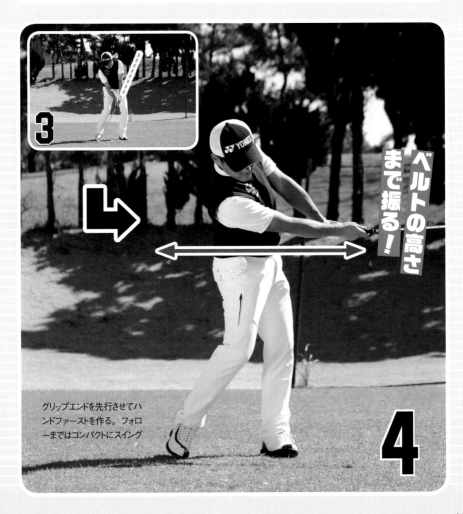

グリップエンドを先行させてハンドファーストを作る。フォローまではコンパクトにスイング

4

## 胴体の回旋動作でクラブをコントロール

クラブと腕や体を同調させてスイングできるようになると、非常に安定したインパクトを作れます。基本動作とフェースをコントロールする力を身につけるために、スプリットハンドドリルを実践しましょう。

両手のグリップをツーフィンガー程度離します。スイングは右腰から左腰までにして、ハンドファーストの状態がフォローでも維持されているようにします。胴体の回旋動作でクラブをコントロールしている感覚をつかみましょう。

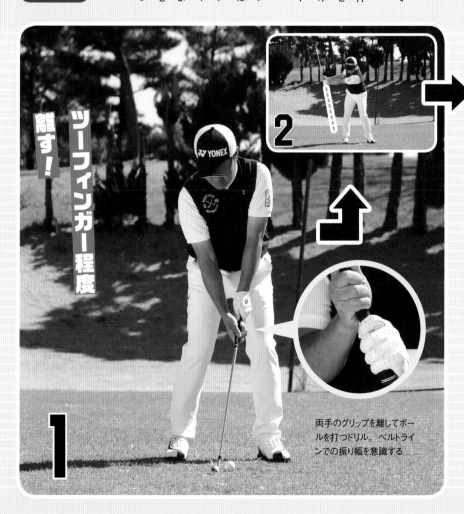

ツーフィンガー程度離す！

1

2

両手のグリップを離してボールを打つドリル。ベルトラインでの振り幅を意識する

前傾しながら胴体の回転を覚える

# 前傾キープで回転

ダウンスイングからフォローでは、左に回旋する運動と右に倒れる運動がミックスされる。体が起き上がらないように注意する

前傾角度をキープしながら回転していく!

OTHER ANGLE

## 下半身から動き出し胴体を回旋させる

アドレス時に作る前傾角度をキープしながら、ナチュラルにスイングするのはとても難しいものです。ゴルフスイングは複合的な運動で、慣れない人からみたらとても複雑でイメージしづらい。そこで、動作の感覚をつかむために、胴体の回旋動作を覚えてください。

胸で両手を交差させて組みながらクラブを平行になるように持ちます。下半身から動き出して、胴体を右回旋から左回旋と実際のスイングをイメージして動かしていきましょう。

START

右回転と左に倒れる運動がミックスされる！

前傾角度をキープして体の入れ替えをしていく。バックスイングでは、右に回旋する運動と左に倒れる運動がミックスされる

OTHER ANGLE

クラブが回ればボールを打てることを知る

# 両足を揃えて打つ

4

3

丸い円を描くイメージだけを持ってクラブを振っていく。腕まわりを柔らかくしてクラブをスムーズに振るイメージだ

柔軟にクラブを振るイメージで！

## 丸い円を描くようにクラブを振っていく

研究を重ねて、体の使い方や動作を試すことはとても良いことです。これらの研究をしていくと思いも寄らない問題が生じることがあります。それは、リズミカルに振ることができなくなること。その問題を解決し、スイングをニュートラルに戻すために、両足を揃えて打つドリルを試してください。スタンスを狭く手首やヒジを柔らかくして、丸い円を描くようにクラブを振っていきます。クラブが回れば意外とボールが打てることを再認識することができます。

## 狭いスタンスでボールを打つ！

1

2

両足がくっつくか少し離すくらいのスタンス幅でボールを打つ。身体操作はあまり意識せず、力まずにクラブを振っていく

ハンドファースト・インパクトを習得する

# 左腕1本打ち

4

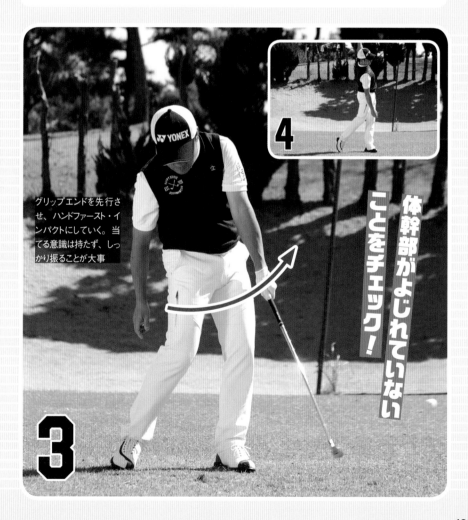

グリップエンドを先行させ、ハンドファースト・インパクトにしていく。当てる意識は持たず、しっかり振ることが大事

体幹部がよじれていないことをチェック！

3

## 腰を平行に上半身を骨盤に乗せて回旋する

ハンドファースト・インパクトがどうしてもうまくできない人は、左腕1本打ちドリルを試してみましょう。とても難しいドリルですが効果は抜群です。

左腕にクラブを持って振ると動作の起点が先行するため、自然とハンドファーストになります。ポイントは、腰を平行にして上半身を骨盤上に乗せながら左回旋していくこと。体幹部がよじれないように、ちょっと右に傾くくらいでもOKです。体幹部と腕の連動も実感できるドリルです。

1

上半身をまっすぐ骨盤に乗せて回転！

左腕1本でクラブを持ちスイングしていく。上半身を骨盤に乗せてバランスをとり、体幹部を回旋させていく

2

グリップエンド・コントロールを洗練させる

# 右手1本打ち

ベルトの高さの振り幅が目安！

3

4

グリップエンドがベルトのバックルを越えるように振っていきボールをインパクトする。振り幅はベルトの高さでOKだ

## 右ヒジを体の枠内に入れていく

右腕を使いすぎるとアウトサイド軌道のスイングになる人がいます。これを防ぐためには、正しい右腕の使い方を習得する必要があります。右手1本打ちは、グリップエンドのコントロールを左サイドで行う意識を高めていくドリルでもあります。

このドリルは間違った動作では効果がありません。グリップエンドがベルトのバックルを越えていくように、右ヒジを体の枠内に入れていきましょう。グリップエンドを左サイドでコントロールするようにします。

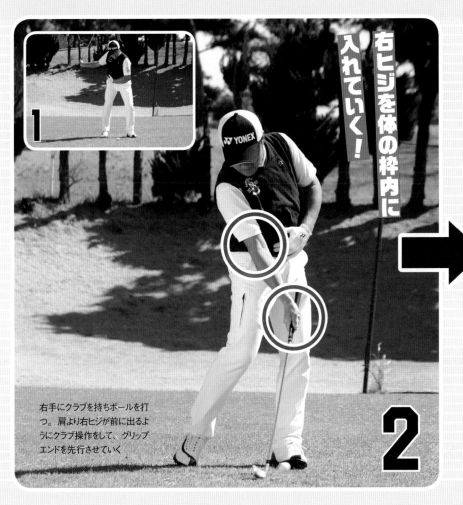

右ヒジを体の枠内に入れていく!

1

2

右手にクラブを持ちボールを打つ。肩より右ヒジが前に出るようにクラブ操作をして、グリップエンドを先行させていく

スイングを単純化させてクラブの角度変化を知る

# ニック・ファルドドリル

トップポジションでもコックは維持したまま。腕とシャフトがL字になるように

L字をキープしたままダウンスイング。9時まで戻ったらコックを一気にほどいていく

フォロースルーでクラブを上げたときに、手首の角度を再度L字にする

ニック・ファルドドリルで、クラブヘッドの角速度を発生させるコツをつかもう

## シャフトが9時の位置からスイングをスタート

世界ゴルフ殿堂入りを果たしている名手ニック・ファルドが、ツアーの練習でよく行っていたドリルです。シャフトを9時のポジションにしてバックスイングをスタートしてボールを打ちます。じつは、手首のコックなしでテイクバックするアマチュアはかなり多いです。コックができないとスイングが作りづらくなるため、コッキングを強調させることで、クラブの角度変化を意識できるようにします。使用するクラブは9番アイアンなど短めがベストです。

シャフトを9時の位置にして構える。クラブをターゲットラインと平行にしてグリップの位置は体のセンターに

スタートポジションで作った手首のコックを維持したままテイクバックしていく

ハンドファーストでインパクトする。コックがほどけることで、ヘッドスピードが上がる

ボールをインパクトしてフォロー。右ヒジの動作が制限され右ヒジ支点で振れる

インパクト・ポイントを覚える

# インパクト引きドリル

すぐにクラブを引いてくる！

3

4

ボールをインパクトしたら、すぐにクラブを引く。惰性があるので、実際はクラブは前に進むがイメージを持てばOK

## 「当てたら引く」イメージでボールを打つ

ゴルフ初心者は、どうボールをインパクトすれば良いのか、その感覚をつかむのに苦労することでしょう。インパクトで点となるポイントをうまく作り出せないからですが、「インパクト引きドリル」を実践すれば、スイングの中で、インパクト・ポイントをナチュラルに構築できるようになります。

また、グリップエンドの反転運動ができず、グリップエンドが右から左に進み続けてしまうスイングを矯正できるドリルでもあります。

1

ボールをインパクトしたら……

2

通常のバックスイングでもハーフスイングどちらでも構わない。グリップエンドを先行させてボールを打ちにいく

**阿河 徹**（あが・とおる）

ツアープロコーチ。東北高校ゴルフ部コーチ。レッスン歴19年。サンディエゴゴルフアカデミー卒業。米国ゴルフ留学時にデープペルツショートゲームスクール、アズメディアゴルフスクールなどでゴルフ理論を学ぶ。現在はトップクラスのゴルフ理論とコーチ経験で、藤本佳則、塩見好輝、森田遥、宮里美香などトッププロのスイング指導を行う。NTTドコモのゴルフアプリ「GOLFAI」の開発監修も担当。東京都世田谷区の井山ゴルフ練習場でアマチュアゴルファーのレッスンも行っている。著書に『100を切れない7つの理由・10の上達法』『「9時・4時スイング」でゴルフはすべて上手くいく』『70台が楽に出る!「圧力系」インパクトの作り方』（いずれも日本文芸社刊）がある。


---


●編集協力　城所大輔（株式会社多聞堂）
●デザイン　三國創市（株式会社多聞堂）
●写真・動画撮影　天野憲仁（日本文芸社）
●撮影協力　こだまゴルフクラブ（埼玉県本庄市）


---

# 見るだけで劇的に上手くなるスイングの作り方


2020年8月1日　第1刷発行

著　者　阿河　徹
発行者　吉田　芳史
印刷所　株式会社廣済堂
製本所　株式会社廣済堂
発行所　株式会社　日本文芸社
〒135-0001　東京都江東区毛利2-10-18 OCMビル
TEL　03−5638−1660(代表)
Printed in Japan　112200716−112200716　Ⓝ01（210072）
ISBN978−4−537−21804−6
URL　https://www.nihonbungeisha.co.jp/



編集担当：三浦